孩子的叛逆都是想求助

諮商心理師
黃之盈——著

爸媽崩潰前，先搞懂青春期的孩子怎麼了
解鎖半熟大腦×賀爾蒙的生理風暴，
穩定數位焦慮，停止親子內耗

Preface

作者序

你我正處在孩子身心失調的「鬱兒」時代

作者　黃之盈諮商心理師

對孩子來說，這是一個最優渥的時代，也是一個最憂鬱的時代。

也許你會覺得「孩子都過得這麼好了，憑什麼憂鬱？」所有的人都在找尋原因，實務工作常遊走在少年與家長中的我，也正針對各種狀況題，抽絲剝繭地找尋答案！

現代的孩子和過去的確不同，原本青春期正要面臨轉大人的辛苦，孩子會體認到身體裡第二性徵的召喚，身體狀態從小孩轉換成具備生育和繁衍能力的大人。國小高年級左右的學生開始進入前青春期，當他們人生中第一次感受到身體產生的各種變化是非常奇妙的，是種不太認得自己，但又覺得我還是我，可是怎麼「特別……」的困惑，像是特別敏感、特別不喜歡聽到評論、特別在意朋友、特別介意自己的外貌等。我想邀請現在正在翻書的可能是媽媽的你，將時光倒轉，回到十幾年前懷孕的那個時期，我們可能會對味道過敏、感到身體不適、對食物挑剔、突然很想睡覺，這些原本在身上沒有發生過的感受，突然變得好立體，敏感且感到自己「變了」。是的，這正是身體賀爾蒙雌激素、黃體素等改變所帶來的變化。

就連現在我們是用自己的更年期和青少年們相處，身體激素的改變，也可能會讓我們突然感受到孤獨、無助、心悸、胸悶、熱潮紅（內在有個不會停止的火爐）、易怒、記憶力衰退等症狀。我們和孩子的生命歷程，可能是同步發生改變的。

青少年時期第二性徵帶來的不安、困惑、焦慮和情感歸屬定位的模糊，原本就讓孩子感到困難。加上社群時代的影響，讓仍處在一百年前原始的大腦，不斷接收藍光的刺激，身體的失衡和睡眠的不足，大大影響了孩子的大腦對事物的判斷。他們暴躁、易分心、易怒、挫折忍受度低，他們暴露在社群媒體被拉扯，人際關係從群我異同的排擠效應延伸到課後的網「戰」，在最需要朋友的年紀，卻沒完沒了地害怕被排擠，大腦也因此變得脆弱，也更加不安！

青春期有這麼一大段時間，需要發展出什麼樣的任務，好讓孩子可以「成為有責任的公民，而不是自我無限膨脹的巨嬰」？爸爸媽媽可以回想一下，過去我們自己的青春期都在看些什麼，就能略有頭緒。我自己最喜歡的是紀曉嵐在宮中的機智回應，我先生則是著迷《三國志》，也許我們在挑選內容的基礎上都能看到一些青春期發展的徵兆，好比現代的宮廷劇《延禧宮略》和《皓鑭傳》是屬於鬥智的濃縮；而《鏈鋸人》、《咒術迴戰》、《鬼滅之刃》、《給不滅的你》等動漫正協助孩子們認識「這個世界不再這麼單純」，除了黑白之外，還有層「灰」的模糊空間，也滿足孩子對即將「變形」成什麼的想像空間。整段青春期的作用，就是幫助孩子從挫折中長出判斷力、養成恆毅力，從阻力中淬煉出個人獨特的意義。人類在這段期間發展出「想贏」、「想變強」和「求進步」，對於社會上訊息的判斷，更需長出機智的腦袋！

然而，這個階段對孩子的大腦來說也是個「獨特的時期」，但父母眼盲的是，看著孩子逐漸成熟的身體，會誤以為孩子已經發育成熟，被孩子外表長大的這件事情矇騙了。這段時期，孩子的大腦正在髓鞘化，每個部位成熟的速度不同，這會讓他極度介意別人的看法，尤其在社群時代，迅速竄紅又立即下架的人際膨脹，拉扯著青少年的自我形象。這本書會告訴你，社群時代中多巴胺過敏與多巴胺赤字，是如何影響孩子對手機依賴的上癮行為；青春期的大腦、內分泌與賀爾蒙，以及睡眠作息又是如何衝擊著孩子，並讓孩子對人際關係患得患失……一連串相關的行為反應，幫助爸爸媽媽思考什麼樣的角色及方式，才能和孩子有效互動。

最後，我始終認為「孩子是珍貴的，但父母也是珍貴的」。陪伴孩子成長的過程中，不只是陪伴他，也會有許多父母的自我對話，記得不要對自己和孩子翻舊帳，只要及時起步都為時不晚。這時期的孩子喜歡嘗鮮、獵奇、特別重感情、敏感別人怎麼看、更在意你的觀感和回應態度。我們正可運用孩子的喜好和渴望，要求孩子抵達目標時，適時運用「欲擒故縱、欲走還留」三百六十種方法，幫自己撐出心理空間，更協助孩子的大腦發育。這段期間我會建議父母逐步解密孩子的訊息，也在這解密過程中，進而思考自己想要傳承給孩子的是什麼，不在教養中迷失。

希望這本書能成為你忠實的好朋友，陪伴你的孩子渡過這段正在轉大人的變形時期，更陪伴著你渡過這段感到青黃不接的親職狀態。讓我們幫助孩子一起負起成長的責任、面對生理心理的困境，在青春期這段期間的「作繭自縛」之後，破繭而出，華麗轉身、充分變強，父母和孩子一同享受這段轉大人的瘋狂、機智、承擔，和能力養成的旅程！

目錄

Contents

PART 3 給青少年的「避險預警課」

Part 1

越來越陌生的孩子
vs
束手無策的爸媽

1-1

重返青春期的「父母新手村」

嗨！各位爸爸媽媽好，最近的你是不是會有一種感覺，覺得孩子「怪怪的」？他看起來好像變得比較酷、比較悶、話變少少的、比較逞強、比較聽朋友的、當你們跟他講話時，他也比較容易出現情緒化或反彈、愛頂嘴的現象呢？

如果是，那麼恭喜你，你的孩子已經逐步邁入青春期囉！

根據研究指出，這一個Z世代[1]的孩子，青春期特別特別的長，由於環境賀爾蒙等因子影響，孩子的內分泌激發，生理可能提早步入青春期，導致生理上成熟，但內心還趕不上外表的快熟、心理和大腦發育晚熟及晚起的狀態。像這樣的「前青春期」大約起步於十歲，是衝動性特別高、大腦特別脆弱的階段；十二歲～十八歲當孩子步入國高中階段，也就進入大家熟悉的青春期；十九～二十五歲則是「後青春期」，也稱為「青春期延伸」。

莎提雅・道爾・碧阿克（Satya Doyle Byock）在《進入四分之一人生，從後青春期開始的成長指南》（*Quarterlife: The Search for Self in Early Adulthood*）這本書中，使用了中性的語彙將十六～三十六歲這段最茫然、衝刺、時間壓縮的人生階段，稱為「四分之一人生」（quarterlife），這個階段的人們將開始面對生活的重量和找尋生活中的意義感。「後青春期」正是夾在這即將邁入社會、接著邁入中年以前的奠基，在此階段的成人，開始體會到成熟帶來的負擔和樂趣，以及能否扛的住責任、義務和發揮擅長。

所以，從「前青春期」開始到「後青春期」，父母將陪伴孩子走過這漫長青春學習的黃金歲月、陪伴孩子遇上人際糾結的撞牆期、見證孩子情感萌發的起起伏伏，以及孩子陷入挫折和失落時的重振旗鼓；而這段歲月也正碰巧是父母自己容易陷入自我懷疑、感覺要上不上、要下不下的中年時期。當事業起飛、時間限縮，這個年段的父母既講求自我成長和覺醒，又被現實擠壓著喘不過氣，我們該帶著什麼樣的心態，面對孩子即將轉大人的各種困擾呢？就讓這本書陪伴你一起渡過吧！

青春期的躍動大腦

相信每個階段的父母一定都有過相同感受：每當孩子進入不同階段，父母好像也都要再重新回到「新手村」修練不同的功課。當孩子們從十歲開始邁入前青春期時，爸爸媽媽要怎麼在他們還不具備自我控制力、自我管理差、常常賴皮拖拉、又希望你能適時稱讚他的矛盾時期裡陪伴他們呢？

對於青春期的孩子，其實我們可以有更正確的認識，而不是將他們視為「麻煩、不方便、為什麼不乾脆自己長大、意見很多、再這樣我就不管你了」。當孩子做錯決定時，又認為他「怎麼都十幾歲了，還沒有自己的想法」、「小孩子有耳無嘴，太有想法要應付也很累」……，這些內心的拉扯，也會讓父母在管理和教導的過程中，感到心累和崩潰。

如果我們能不被青春期孩子的外表所矇騙，反倒帶著理解的好奇心，了解此時他的大腦神經元逐漸被增強、修剪，都跟我們的回應和協助問題解決有關，我們才能接住孩子在這個時期發出的求助訊號，也才能協助孩子逐漸成為一個「成熟的人」。而當我們認知到，這時期的大腦可塑性既高於兒童期，也高於成年期時，也就比較容易接受青春期的孩子簡直變了一個人，翻臉比翻書還快，讓你一秒天堂一秒地獄的狀態。

爸爸媽媽可能也發現了，青春期階段的孩子與國小階段有許多不一樣的表現，像是很在意別人的眼光、不允許被評價、變得暴躁易怒、說話變來變去，對承諾患得患失等。

美國加利福尼亞大學聖達戈分校，兒童和青少年精神病學部主席吉德（Jay N. Giedd），就曾在〈躍動的青春期大腦〉這篇文章中提到，這時期的大腦處在一個非常獨特的階段，孩子的衝動行為也反應出大腦中的邊緣系統（油門）和前額葉皮質（煞車）成熟時間不一樣，而大腦裡不同腦區的成熟速度不一致，就是導致青少年的情緒更容易衝動，也更傾向做出冒險行為的原因，但同時，他們在思考和社交上也將更具有彈性。

吉德指出，青春期的大腦變化不是越來越大，而是各部位的連結和結構性會越來越強。大腦中的白質（髓鞘質myelin的脂質）會越來越包覆住神經元，使其絕緣。就像是電線外面包覆的「電線布」一樣，除了預防漏電之外，還能幫助電（神經元）的傳遞速度變快，使軸突在激發後能夠快速回復到原本的狀態，準備下一次傳遞訊息之用。

簡單來說，這將是孩子在生命中，大腦軟硬體和連結升級最重要的時期。青春期出現衝動、勇於追求刺激、疏遠父母、親近同儕和矛盾的心情，都不是大腦認知出錯，而是大腦發展的自然現象。這生命中最具爆發力和各種嘗試的階段，也正是青春期少男少女即將面臨複雜世界的預備，更是大腦可塑性增強的最後一個階段。

如果此時將孩子放到一個有益的環境裡，他們將會有很不錯的發展。當孩子面對問題時，若是有大人協助他們去找到相對應的解決辦法與途徑，將促使孩子快速擴張「髓鞘化」的作用，讓他獲得成功經驗，渡過考驗。因為「髓鞘化」的作用，正是大腦強化彼此連結、進行學習的生理基礎。

青春期孩子們鬧彆扭、說話具攻擊性、內心一團亂麻、對感受矛盾不好說，這也正反應著複雜化和轉大人的過渡時期。他們將在愛和關係中感受到擔憂、害怕他人的眼光、被評價拉扯、渴望友誼和認同、害怕失去，但又鬧彆扭、充滿不確定感、多變和逞強；他們也在這個時期跨越各種挫折的成就感中，體會到被鼓舞、自信心爆棚、超級在乎被評價的狀態。

他們的外表逐漸長得跟我們一樣高大，內心卻還是渴望著被溫暖、被愛、被在乎、被欣賞、被喜歡。

慾望的推手：多巴胺

除了腦內軟硬體升級，我還想跟你分享一個與孩子衝動、慾望、制定計畫有關的內分泌激素——多巴胺（dopamine）。

多巴胺是一種大腦神經的傳導物質，這個物質分泌於「獎勵機制」，也就是當我們做了某件事而感到愉悅、有動力、有成就感時就會分泌多巴胺。像是運動、充足的睡眠、計畫的完成和攝取的食物，都能促進多巴胺分泌。多巴胺會對我們的正向情緒有所幫助，並且增進注意力。

多巴胺同時也參與著我們慾望迴路與控制迴路的運作。這兩條迴路會協助我們每一天具備行動力去完成必須要做的預期事情，無論是下床關掉鬧鐘，整理書包出門，或是對未來有渴望、有夢想，有計劃築夢的勇氣，多巴胺都將趨使我們有動力、有效率地去完成。**青春期孩子的大腦裡充斥著多巴胺，兩條迴路的增強和生成，也影響著孩子是成為有效率的計劃王，還是無賴的巨嬰。**

現在請你想像一下，當你正在開車，此時「掌握方向盤的你，正是控制迴路」，而「坐在後座的乘客，則是慾望迴路」。當你將車開上路時，後座的乘客開啟了無限上綱的點餐行動，一下想吃炸雞、一下想吃 pizza、一下想吃串燒；駕駛座的你忙翻了，一邊搜尋店家，一邊疲於奔命看著路況。

後座的慾望迴路只會不斷地設想下一個想要的慾望，抵達後滿足了，又再想前往下一個慾望。若沒有控制迴路的路線規劃、判斷路況，慾望迴路就會讓孩子流於「只是不斷想要，而難以靠自己做到的嬰兒狀態」。

青春時期，正是需要我們請孩子坐上副駕駛座，將導航交給他，給他一個任務的階段，例如，「前方兩百公尺左轉，往下第二個紅綠燈右轉」。我們將協助孩子從副駕駛的參與，逐漸找到他人生的方向盤，到他能夠坐上駕駛座為止。

當孩子對路途的判斷力增長，我們也將逐漸移到「副駕駛」，我們既像汽車教練，也像馬拉松陪跑員，協助孩子指示路徑，不跳車、不代跑、不離開地見證他的成長和路途的風景，而你也會逐漸體認到自己在養兒育女階段性參與的成長、負荷與美好，逐漸勝任在青春期這段時間的親職角色。

這段期間，身為父母和師長的我們，除了協助孩子經歷生理的賀爾蒙風暴、大腦區塊的整合，更將在孩子生理時鐘被打亂，社群媒體不加分級及篩選的情況下、負擔起把關孩子身心健全的職責，顧及整體生理心理的起伏。

1-2 XY世代的我們，Z世代的他們

前面我們介紹了大腦及多巴胺對於青春期孩子的影響，是屬於內層的生理原因；但同時在外部，這個資訊爆炸的世代，科技和資訊又促使世代隔閡更加劇烈。過去手把手傳承育兒的方式很多已經不管用，現代的孩子更加面臨內在大腦整合、內分泌激素增生，外在社群媒體不分級亂象、3C載具使用過度、疫情時期的線上線下課程、肢體運動不足，勞動更加倦怠等現下時代的問題。

每個年代都有其獨特性，很難加以類推或有個標準模板，這也正是現代父母容易感到教養孤單的原因。加上低薪、生育年紀延後，許多父母正面臨衝事業的巔峰vs想做足陪伴青春期孩子的功課，卻遭遇孩子講不聽、情緒矛盾、難溝通、規範不來等挫折，足見每一個時代遇見的教養困境，都是新的！

青黃不接的「鬱兒」世代

我們先來談一句成為父母之後常會聽到的話：「養兒育女，是陪伴自己再長大一次。」在我成為人母之前，對這句話深深有感，但成為人母之後，又覺得不完全是。

許多正在閱讀此書的父母，或許都跟我有著類似的成長背景，我們的父母親大約是一九四〇～六〇年代的族群，他們從小被迫忙著長大，很早出社會，加上當時大學的窄門難以擠進，男女不平等的狀況嚴重，女性會為了成就家中男性而退讓，重男輕女的現象普遍。在「拔尖不扶弱、重男不重女」的背景下成長，許多人敢怒不敢言，很難聽見自己的心聲，更難以聲張內心的想法。

在這樣背景下的孩子，長大後成為父母，對於「學歷」、「努力」、「吃苦耐勞」、「砥礪」的追求，雖不完全是他們發自內心的選擇，但某種程度上也算是時代的產物。在那個全民進入拚經濟、學歷至上的年代，想當然爾，父母也希望管教能速效、有成，盡可能地往「斥責、羞辱、威脅、批評、諷刺、利誘、鄙視」的方向，期待用「壓制、齊頭式」的方式，督促孩子跟上社會「標準化、規格化、同一化」的規範，彷彿將孩子打怕了，就能跟上大時代的腳步，孩子也會懂得「父母是為他好」。

印象中，我小時候的課本還在探討孩子看電視的問題，奉勸父母少讓孩子看電視。當時的父母對於管教，正流行使用「阿母的兵器大全」（圖一），其中的兵器隨手可得，舉凡掃把、畚箕、熱熔膠、衣架、手掌或藤條、雞毛撢子，如果不是阿母親自動手，也會委託老師幫忙，期待讓孩子感到痛苦之後「能懂爸媽的心，將吃苦當吃補」，砥礪孩子出現良好行為，將處罰和體罰發揮到極致、刻在骨子裡。

若自己管不來，就交給老師管「不乖就打、打得兇就聽話了」，可以理解的是在上個年段「努力一定有用！讀書一定可以出人頭地」的價值觀，的確是幫助當代父母擺脫階級，努力向上的墊腳石。

圖一　阿母的兵器大全

過去，父母用打罵的方式，希望一打就能讓孩子學會聽話、用功讀書。

而在這樣背景下的Y世代孩子，長大後進入了網路世代，資訊流通發達，教育層次提升。他們成為父母後，一方面對家庭、伴侶關係、教育、育兒等，有著更多期待自己能夠改變的可能；一方面兒時被爸媽管教的經驗又深刻的烙印在體內，擺脫不掉，所以亟欲砥礪自己成為「更好的父母」。

這群Y世代父母幾乎人人皆有大學研究所的學歷，在伴侶關係、婚姻關係、親子關係都有獨到想法，也特別用心，更加用「專案管理」的方式育兒。教養「精緻化、客製化、個別化」逐漸成為主流，「不想複製過去父母的教養方式」成為現代父母心中的願望與功課，但同時，也可能成為心中大石。

從自我覺察開始，阻斷潛意識裡的舊程式

於是，現代父母的新功課，來自每天日新月異的科學化知識、系統化的追蹤調查。這些調查的初衷，原是希望能一反過去研究上的匱乏，加上科學驗證和更新知識，努力讓父母成為擁有最新知識的「新新人類」。但在此過程中，我們所獲得的新知與過往越不同，卻越可能加深與上一輩的溝通隔閡，和內心更多的糾結與自我對話。

但是，這些自我對話是很珍貴的，也許，在過去上一代的管教下，「阿母

的兵器大全」舊程式APP正安放在成為父母的Y世代潛意識裡，過去很習慣性的話語和動作，召喚激動的你對著孩子「罵下去」、「打下去才有用」、「現在不把他壓下去，以後他會更囂張」……，但你的理智則跟自己說：「我好可怕，我怎麼會有那種想法」、「我不要像我爸媽一樣」。

許多來參與講座的父母都曾向我自白和告解：「當我被孩子激怒時，我好像野獸，要用大石頭才能壓住想要打小孩的衝動，也許我就是從骨子裡壞透了，但我也絕不能讓他知道這樣的事！」於是他反向的對孩子好言相勸，但內心的怒火和想要攻擊的慾望卻越滾越烈，無處發洩。

這樣的糾結存在於父母的心中。

當這樣的糾結產生時，爸爸媽媽可以先嘗試從自我對話和自我覺察開始。我們可以先詢問自己：「我要不要用直覺想這樣做，或者曾經被對待過的方式對待孩子？」如果答案是不要，那麼可以先練習以下步驟：

步驟❶↓對念頭喊暫停（先去喝杯水、看張圖片）

「停！」我邀請你先停下來，轉而對這些內心的聲音產生好奇，問問它：「你為什麼會這樣想？」、「如果不這樣做，你真正的害怕和恐懼是什麼？」

步驟❷↓覺察警報器，察覺內心的恐懼和焦慮

往內走，聽下去，你會發現內心的聲音一層一層改變，或許會浮現過去自己聽過的那些話語：「你看看你，怎麼當人家父母的！」、「你看你有多失敗！」、「被頂撞剛好而已啦！」、「你自己就一事無成，拿什麼出來跟他講？」、「我們家沒有不聰明的人，你這麼笨怎麼行！」、「連你的小孩都不甩你！」……。

圖二　從你開始，打破世代相傳的創傷

從世代更迭中，理解現代教養變革。（改編自網路圖片）

步驟❸↓找出無法冷靜的陰影面積

請你問問自己：「這些聲音，是從哪裡來的？」你會逐步感覺到，這些育兒的焦慮、焦躁都可能來自過往你和父母相處的陰影，不見得來自眼前孩子實際的所作所為。

你的自我覺察，將影響著你跟孩子的自白或是深刻的談話，而這些談話又將影響你和孩子心連心的品質，所以我們的自我對話是可以跟孩子分享的。例如：「媽媽好掙扎，過去阿嬤遇到這樣的情況會打我，我不想這樣對你，但你又講不聽的時候，我很挫折，你認為我們該怎麼協調比較好？」

這些話語將拓展孩子對你的世代理解，試著幫助他了解你內心的掙扎和為難，並且和他一起討論該怎麼做，對彼此都好（圖二）！

育兒，更像是整理舊家的過程

有些家長會認為：「還好吧！只要不像我爸媽那樣打人和情緒勒索就可以了！」、「我都會問小孩的意見，以他為主啊！」、「我才不會像我爸媽那樣不講理」……一旦像這樣因為不想走父母的老路而過於放任孩子，將決定權統統交到孩子手裡，對孩子過度尊重，過度做主，或者總是以孩子的意見為意見時，孩子就會被迫成為自己要決定任何事的小大人。

但其實，青春時期的孩子是需要適度約束的，否則他在自我控制低落時也沒有機會被協助。**孩子們只有在約束得當的環境中，才有機會感受到愛和成就感，而非在被過度捧高的評價暴漲或過度貶低的環境中，瓦解自信心。**

我們可以拿出一張紙，與孩子一起訂定協商，將我們對他的管教參與，分成不可妥協、依據手足給予適齡規範的彈性空間，以及孩子可以參與討論的規範，這三個教養層次：

層次❶↓不可妥協

先從「不可妥協」的部分來談，這個部分將是你的養育底線，而且父母雙方需要一起先討論，找出交集和一致處，訂定為家庭規範的一部分。「不可妥協」包括的可能有衛生習慣、睡眠時間、家庭活動的慣例表、不能闖入哪些空間、共同空間的使用規範等。這個部分必須是各個年齡層都有能力做到的基本。

層次❷↓依據手足給予適齡規範的彈性空間

依據手足的年紀，例如：小小孩、學齡期各階段和青春期的孩子，各有不同程度的達成要件。像是3C使用規範，可以依據不同年齡孩子之學科要查資料的內容，討論使用的時間，如果沒有特殊情況就以一天半小時到一小時為限等彈性做法。

層次❸↓孩子可以參與討論的規範

最後，「孩子可以參與討論的規範」可以和孩子討論包括在外和同學討論報告的時間、家庭活動的規劃、家庭會議的討論事項等，都是可以討論的！

以上三個層次也有點如同心理學家羅斯・格林（Ross W. Greene）提出的「籃子管理法」，能夠幫助家長將以上觀念「適時適度」的還政給孩子。他要家長們想像眼前有三個籃子：

第一個是「強制籃」，放的是「不能通融的事情」，包括你的原則，例如騎腳踏車一定要戴安全帽、出門要報備行蹤留下對方可通訊電話、不獨留孩子在家等。**第二個是「變通籃」，通常是「可視情況協調的事情」**，像是偶爾延長門禁、若有重要的事衝突，可不參加家庭晚會等。**第三個是「放手籃」，是相較之下「較為無關緊要的事情」**，包括吃多少早餐、穿什麼衣服上學、是否要參加學校社交活動，如圖三。

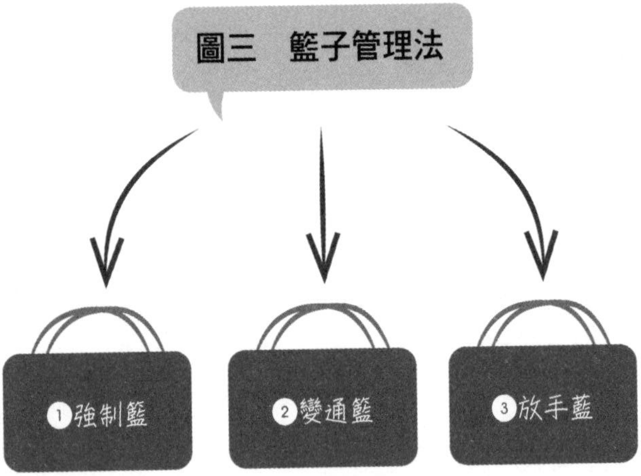

家長可以利用這三個籃子，和孩子討論家庭裡的重要價值與規範。

三個籃子的變通和要求都是由家庭成員一起討論，這其中會包含每個家庭的價值觀，及全家人都注重的事！

回到最開始，當我們願意停下來面對內心的掙扎和恐懼的警報時，就有機會整理「舊家」，將內心曾對自己根深蒂固的看法、被要求過度的期望，以及一代一代傳下來的祖訓或鞭笞，再拿出來爬梳。

我們每一位父母，都冒著險帶著這世世代代的疊影，找到另一個文化中，傳習世世代代疊影的人結婚，共創家庭，養兒育女。這些過程很像解密，更像是與自我過往的對話，也有機會跟孩子分享你的所思所想和掙扎。

現代的父母努力跟上「零體罰、正向鼓勵、肯定孩子、同時給予關愛和規範」，反觀我們的父母輩，或許也只是用他們當代全知全能代代相傳的方法，試圖給我們一些建議。這一代父母的難，往往是夾雜在「承接上一輩的期許 vs 對下一輩的期望」之間。而當你反觀世世代代的父母都是抱持這樣的期許，就會知道「天下父母心」的更深寓意。

也正因為愛的形式隨時代的轉移而遞變，過去父母用他們僅有的教育水平，期待改寫和翻轉階級，希望能讓孩子「不再複製父母的生活階級」。每一代的父母都在「新手村」中努力地學習新的方式，期待每一代在心靈層次能更加滿足，讓我們用理解的心充分表達對彼此的敬佩與疼惜，就有機會透過對家人表露真心情，促進伴侶和家人之間更加心連心！

1-3 當他的青春期遇上你的更年期

人們往往會懷念一去不復返的童年，卻鮮少會懷念一去不復返的青春期！作家河合隼雄曾說，青春期「以生理面與法律面來看，很多人已是不折不扣的『大人』；但從社會面與心理面來看，卻還沒有長大。這兩者的落差，導致了他們主觀感到的痛苦。」在上一輩的年代，如果看見小孩從國中開始叛逆，長輩一定會說「青春期，忍耐一下，把他壓落底」、「這個時期過了就好了啊！我們不就都這樣長大的？」但，真的只是這樣嗎？

「青春期的叛逆到底有多久？」前文我們也提到，以目前的研究顯示，大腦最先成熟的位置是「掌管情緒的杏仁核（油門系統，原始腦）」，然而幫助思考、判斷、問題解決的「前額葉（煞車系統）」大約要到二十五歲才會完全成熟。

也就是說，以現代父母生小孩與出社會的時間都較上一代後移的狀況來推算，若三十歲~三十五歲上下喜獲麟兒，那麼當Y世代父母在四十五~五十歲逐漸進入生理更年期和職場拚經濟的階段時，孩子正恰巧進入青春期，親子關係便很容易在父母與孩子都混亂的狀態下，造成彼此間的落差和碰撞。

而在這個階段裡，孩子若沒有養成青春期的心理韌性和能力，恐怕就會因為眼高手低成為巨嬰，或者現實和想像的落差巨大，而感到挫折無力。最怕的是，孩子的青春期如果從十歲開始一路延伸到二十幾歲，在這十幾年裡，我們該如何用自己的更年期，陪伴他們的青春期呢？

在許多的演講、學校輔導中，我會給予父母的建議是：**我們得先肯定自己，願意覺察和不斷學習新的方法，不再不假思索地使用過往直覺式的反應育兒。**我們也需要在舊程式的不斷呼喚中肯定自己，在愛和管教中實踐自己的功課，畢竟當我們揹著自己的傷口長大，養兒育女時就會更期待自己有所不同，期待自己改頭換面，不再讓孩子重蹈覆轍自己過往的傷口。也因此，每個家庭的教養之路，都正在與「過去vs現在」拔河，人們也才會說「當我們養兒育女，正是與過去修復的好時機」。

關係倦怠，是父母內心不能說的祕密

然而，近年來的許多研究正顯示出父母的不幸福感，往往來自「過度努力」後「不盡如人意」的倦怠現象。

婚後的種種現實衝擊和育兒不順，讓雙薪小家庭或者單薪卻勞逸不均的家庭喘不過氣，這讓離婚成為一個選項，至少夫妻二人可以因為分開而不需要再彼此協調鬆一口氣。

加上大環境中，社群媒體促成夫妻兩人彼此都有自己的舒適圈，只要打開通訊軟體，挑選進入的群組，可能就和另一半或者長輩群組大相逕庭。我們所關注的社群開始用個別化推播的方式，引領你看到自己想看的，瀏覽自己想聽的，遇見自己想遇見的，這將造成我們對於「接納異己」的程度大大降低。

每個人待在自己的舒適圈中，不需要過度搭理他人而陪笑，更無須賣面子供給多於的人際關係。加上夫妻之間就是親密關係的一環，若彼此有差異，就會因為極度介意，感到彼此好像天差地遠一般。但對於青春時期的孩子來說，看著父母如何相處和解決衝突、促進親密，也是這個時期的一門重要課題。

夫妻之間點點滴滴的不協調，從結合，衝突到糾纏的非線性發展，一次次的惡性循環，會逐步影響著孩子對家庭的歸屬感和安全狀態。父母的內心也會因為現實壓力、關係緊張、家用支出、彼此教養不同調的狀況，提早各過各的空殼婚姻，婚內失戀。看起來光鮮亮麗的外表下，內心更可能感到空洞和搖搖欲墜，這些心情都值得被理解，而非被當成應該藏起來的瘡疤，畢竟你一直都好努力，不是嗎？

在父母的「努力」之下，原以為更加認真就可以擁有良好的親子關係和夫妻關係，現實層面卻可能因為城鄉疏離化，聚少離多、工時拉長，薪資低卻高房價的狀況，導致「努力不來，再努力也沒共識」，挫折感十足，在夫妻關係中找不到共識，親子關係中不見起色的倦怠，是父母內心不能說的秘密。

父母也遇上人生巨大的難題，那我們又該如何撐起孩子的成長風暴？

被挑戰的父母，請先共情孩子的玻璃心

是的，許多父母正在咬緊牙關，硬撐。這些現象，在我的實務工作中多有所聞，讓我感到心疼又心急。在此情形下，當孩子又有青春期跡象，前幾年的小親親、小可愛，開始想和自己保持距離時，被冷落的感受更加衝擊著父母的內心。

當進入青春期的孩子悶著頭、翻著白眼，冷酷地說「不用了，我去就好」、「你很煩，不要管我」、「你一定不會」時，爸媽一定會被孩子現在與過去的落差嚇到。過去自己用心呵護長大的小樹苗，現在開始要茁壯了，一部分需要你，但一部分你也得慢慢放手了。當這株樹苗逐漸推開你，只聽他愛聽

的，講他不愛聽的就生氣，不能多問，不允許被好奇時，大人們會感到失落、常感到丈二金剛摸不著頭緒，認為孩子現在就這樣，以後該怎麼辦？

我最常聽到父母抱怨孩子「不曉得到底在想什麼？」、「一臉臭樣，嘴巴翹的是要吊豬肉喔？」我相信，這些抱怨背後不見得是對孩子的失望，可能更多的是失落：過去聽話的孩子逐漸不聽自己、只聽朋友、只聽外人，把父母這個寶藏晾在一邊。這種「要大不大，要小不小」的半熟狀態，怎麼讓爸媽放心呢？

但你知道嗎？爸媽的「玻璃心」是有作用的，當你看見了孩子的玻璃心，想責罵他的時候，請你先想到「他的心情也許就跟我現在的心情一模一樣」，請你刻意共情孩子「挫折」的心情，因為這正是懂他的第一步，彼此的心也就能比較靠近了。

●先共情，再處理

有一次，學校的一位老師過世了，學生不解地詢問：「老師，為什麼這種事情不在第一時間告訴我們？」看著他們倔強又忿恨的表情，難免會感到被質疑的衝擊。我慢慢地說明：「其實，老師不是不願意告訴你們，而是剛開始知道這個消息的時候，大家的心都很痛，想到的時候會流眼淚、會難過，我們捨不得你們馬上接受這個衝擊，讓你們也跟著心痛……，不過，這也許是大人的一廂情願吧，身為老師，我們恨不得心變強壯，就能夠撐住你們的傷心，陪你們一起度過低潮……這樣，你們能理解嗎？」

爾後，我跟孩子說：「謝謝你們的提問，給了我們很棒的提醒，傷心的淚水讓我們團結起來，一起想念一起哭一起回憶，大人們也在練習更真實地和你們分享彼此對該老師的思念。」

當我們透過對話，跟原本充滿質疑的孩子一起掉眼淚，一起說真話的同時，彼此的內心不但鬆動了，也更靠近了！孩子每一次的挑戰，不一定是想保持距離，而是他們期待與大人靠近的方式！表露共情的內容，正是陪伴孩子渡過挫折的妙方。

青春時期是很逞強也脆弱的一個階段，就像讀本《好餓好餓的毛毛蟲》，當毛毛蟲要變成蝴蝶時，得經歷什麼階段？對，吐絲成蛹的階段。這個階段的毛毛蟲對外界毫無抵禦能力，但也顯露了牠需要延遲、努力蛻變，才有機會破繭而出！而爸媽若在此時一手遮天，太快進入繭裡指導毛毛蟲該怎麼做，甚至想要揠苗助長，幫牠剝繭而出，就破壞了孩子長出能力的契機！

孩子必須靠自己破繭，不然就會死在繭裡！在繭裡的每一日醞釀，和可能遇到的碰撞及挫折，都將大大的幫助毛毛蟲完全變態成蝴蝶。

成為父母的我們，必須了解孩子有他該透過挫折發展出的能力，他有他有限的選擇，期望能和身旁的大人一起想辦法。當他失措時，他需要用腦袋搭配唇齒表達自己的想法，才有能力獨自渡過每一道人生的關卡；步入社會後也得在一次次的岔路中做出判斷，做出相對好的選擇。

這時候，父母若容易感到氣餒，請一定要逐漸構築自己的生活圈，創立有意義的人際關係，像是外出社區大學上課，找回一些樂趣和興趣，並且和孩子分享。當孩子逐漸離家之時，父母也擁有自己的朋友，姊妹淘，智囊團，孩子會知道你有自己的生活，也有著調劑自己生活的方式，你的人生也正在前進，孩子也會更放心。前方正有他所不知道的前程，而他們需要大人的示範，也希望看到你們幸福。

1-4

一整個世代的「鬱兒現象」

你有沒有過這種經驗，當我們在網路上發洩：「是怎樣？今天真的很水逆欸！」時，每個來留言的人，都可能會把自己遇到的衰事和包袱丟到留言板上，像是「我也是欸，老闆在機車什麼啊？」或是「老公不給力，能怎樣。」可能樓一歪下去，就變成彼此的垃圾山和吐槽大會。因為，每個人看到水逆，內心所投射的不順利一定都不一樣。

大人都如此了，更何況是表達能力尚未完全的青少年。曾經我的學生因為打籃球被蓋火鍋，在網路上說：「長得高就蓋人家火鍋，很跩喔！跩屁！」結果下面一群留言說：「誰，私我！」、「我知道是誰，放學堵他啦！」、「看不順眼很久了，走啊！」最後引發另一場堵人紛爭。當事人大喊冤枉，「又不是我糾團要去堵他，關我什麼事！」最後請該位同學刪除動態，教師協調安撫雙方學生，讓雙方再打一次籃球，協調彼此當隊友。

就像前文所言，青少年的大腦正處於施工中，對於許多事情的判斷正需要成熟的大人協助。在社群媒體的激盪之下，無論大人或小孩都活在不確定感極高的狀態中，時時刻刻拉扯著彼此做出決定。協助孩子長大成人，請記得要協助他不往後退化的指標，就是他得往前邁進「成大人」，而非越長越「成小孩」。

心理師與睡眠專家海勒・特吉恩和茱莉・萊特（Heather Turgeon MFT, Julie Wright MFT），曾在《睏世代》（*Generation Sleepless: Why Tweens and Teens Aren't Sleeping Enough and How We Can Help Them*）一書中指出，這一代的青少年在無所不在的螢幕、課業重擔，和網路找樂子中逐漸變成夜貓子，還得面對每天早晨七點半的第一堂課。他們在社交時差轉換中累積睡眠高利貸，一點一滴賠掉身心健康。我們不是在3C社群中長大的世代，無法想像3C原始人的他們正處在藍光系統充斥的現實環境中。這些睡不著的孩子、耍賴情緒化的孩子、因為睡不飽疲累硬撐的孩子，種種生理耗弱的狀態，都有可能讓他們在這個階段無法執行發展任務，而更加討厭自己。

3C的使用光藍光系統，會減弱褪黑激素的分泌，不但影響孩子的作息、睡眠品質、注意力、身體動能等重要的生理需求，過多的激素刺激和生長還會影響孩子在變形的過程中，跨越不出心裡的那道窄門。在富裕物質，心靈飢渴的年代，在臉書只能按讚、不能按爛的過度酬賞中，孩子在一片「讚」聲中迷失自我，又在負評中感到崩壞和玻璃心碎，這是一整個世代都必須面對的「鬱兒現象」。

網路如何影響「鬱兒」表達情緒的方式

當孩子有暴力傾向、對任何評價都變得敏感、情緒暴躁、注意力不集中、身心不平衡、拒絕學習、喜歡反抗大人、心情低落、在網路上人設與現實落差大，喜歡宅在家成為不出門的啃老族、尼特族、靠爸族、媽寶族、賴家王老五……，大人用這些方式評論孩子叛逆的同時，其實內心苦的是「我們突然感到孩子很陌生，對他現在的思考、心念、狀態都不了解」。在數位時代，孩子有了更即時的溝通工具「限時動態」，孩子使用限動取代溝通，試圖讓大人或同儕理解他的真心情，卻可能帶來更多的誤解和隔空溝通的現象。

這個世代的孩子在學校有任何不開心或人際衝突，很可能一個晚上就態勢丕變。學校的紛爭和人際糾葛，經由「青春限動」，將戰場從現實直接蔓延到全網。在網際網路上持續延燒，種種無法停止的焦慮和關注，擔憂他人怎麼看，害怕被熱議及評論，是否要先發制人，還是乾脆鴕鳥心態……，都大大考驗著孩子的心靈素質。尤其是，每個孩子到青春期階段本就有想像觀眾、個人神話的心理狀態，在網路的推波助瀾之下，每個人都用自己的經驗多投射一點，就灌注這段關係不同的歪樓。

為什麼孩子會如此依賴限動，我們來看看限動可以滿足孩子的哪些需求？

❶**心情的宣洩：**在網路的世界隔空發洩一下個人真心話，期待他人能在自己悶悶不樂的外表下，理解自己真實和暫時的想法。

❷**易引發熱議：**無論是誰看到限動，重點是引發了關注者討論，讓孩子有種被重視、被討論的感受。這樣的感受在人際上，不管是好感或負評，至少都是為自己發聲。

此外，雖然限動會消失，但孩子關注後續如何發酵的心情沒有停止，有時候孩子甚至會期待有人能夠更有道理的評論是非對錯，只可惜如果是同儕，可能就會有不同立場的解讀，也許變成各說各話的狀態。

❸**人際的攏絡：**基於以上的探討，當引發熱議後，孩子能看見其他人是怎麼看待和回應這件事情，每個留言痕跡都給了這個限時動態一分力量，即便是

沒有回應，也是種「不做評論的回應和跡象」，孩子從現實中的事件，延伸到網路上表達，引發關注和了解別人怎麼想的人我評估。

❹即時性極強：限時動態的好處就在於，有即時性，能引發關注，在一定時間會自動下架。相較於動態留言板上的痕跡，限動的發言和回應只有本人看得道，也較有私密感。孩子的心情就像限動一般，心情起伏船過水無痕，但又能了解觀看過的人的態度，並且不是每個人都會瀏覽，這樣虛虛實實的訊息狀態，正符合青少年時期不是這麼直白的希望所有人都知道，迥異於留言板上變成「大家來公審」的數位足跡。

❺可秒刪訊息：青春限動還有一個要點，若是發現一些人看過，聞風不對時，可以即時將訊息下架秒刪，避免更多人看到。有時候孩子們發限時動態，只是想要關心的人看到，當事人可能丈二金剛摸不著頭緒，所以我們才在第一點提及「個人發洩的作用」大於實際溝通的效果。

疫情下的未成年兒少族群

在社群軟體的推波助瀾下，MZ世代社群異化，難以接納異己，不開心必發限動詔告全世界，遇到挫折動不動就自嘲「我就爛」、「我又廢」、「啊我就這樣」、「辣個沒救了」。加上後疫情時期，人人自我區隔，人人都宅得有理，在網路上發話可避免尷尬的人際往來。我們所認知到的「在人際關係努力、在課業上有動機、對社會有貢獻和進取」的青少年群像，正在改寫中。

在亞洲，日本首先出現繭居族和啃老現象，韓國在近幾年則是從三拋、四拋到「七拋現象」（房子、車子、妻子、孩子皆可拋，共七大項）也稱「全拋時代」。對岸年輕人本主張以狼性為要，現在則是以佛系在職，夢想不會成真，不要再被創業神話欺騙的「躺平現象」。在台灣，則是從二〇一七年的「藍受香菇」到現在的「EMO」（emo是英文emotional的縮寫，取其情緒化的意涵。「我emo了」，可能有「我很鬱悶」、「我不開心」的意思；視其他使用情境會有不同意涵）。還有青少年流行的「毒雞湯」、「阿姨，我不想努力了」的低追求心態。這些亞洲普遍的「低追求現況」究竟是教養的問題？關係的問題？現實責任感不足的問題？還是面對大環境怯步的問題？

為什麼用心付出，卻換來孩子的反彈、不願意努力、更加無法面對現實的玻璃心世代，我們該如何引領孩子安穩渡過當代低薪高房價、努力不來的全拋現象，協助孩子發展出成為社會人的責任呢？

尤其是疫情過後，3C成癮的狀況更加嚴峻，根據調查指出，台灣的孩子近視比率節節升高，過動、注意力不集中、情緒問題、睡眠問題，都是長時間使用3C負面影響的後遺症，而孩子的情緒並沒有因為使用3C後更加快樂，反倒因為不真實的人際關係，更在乎自我呈現的樣子，在理想我和現實我的落差中，也更加憂鬱。

根據美國凱薩家庭基金會調查，成年人也因為疫情，產生心理健康的負向影響比例，一季之中增加五三%；憂鬱症和焦慮的發病比例也增高，甚至有一三%左右的成年人因疫情造成壓力而藥物濫用，十分之一的人曾考慮自殺。在台灣，「自殺」是十二~十七歲孩子的第三大死因，也是十八~二十四歲族群的第二大死因。沒有心理空間的親子關係、網路世界的壓迫，如何壓迫著親子都晚熟的世代，失去對話和理解的可能性，奪取孩子的責任感和該獲得成就感的笑顏，只能用叛逆和不被理解的行為，發出無聲的求救？

重拾經營親子關係，看看國際怎麼做

英國的非營利組織 YoungMinds，特別在網上設立了疫情專區，提供家長各種資源，提醒父母在疫情過後如何重新找回陪伴孩子的步調，而非讓孩子經由網課和隔離，疏離了和家人的連結。其中我覺得蠻實用的包括：

❶陪伴孩子說出各種心情，任何情緒都可以抒發。

❷鼓勵家長開啟話題，肯聊，孩子就能被安慰到。

3. 找到除了YT之外，親子之間實體的居家活動，像是一起烹飪、分享食物、看書等紓壓活動。
4. 向孩子保證，日子一定會恢復正常的。
5. 全家人一起進行動態或靜態活動。
6. 要求規律的作息。

疫情趨緩時，多帶領青少年時期的孩子參加戰鬥營、登山、潛水或自行車等戶外活動，自己規劃路線或參與社團、救國團等民間單位的課程，親子之間彼此叮嚀作息、路上彼此照顧，一起抵達終點，都是很棒的戶外生活體驗和家庭記憶。

在青春期，家庭活動的方向可以找出「我們和孩子一起做，並讓孩子能夠自己來的挑戰」。有時候，父母是慣性的動物，對父母來說，要面對青少年時期孩子突然的心情起伏，也是忐忑又難解和不知從何下手的。

記得，幼小時期的他們常常要「爸爸陪，媽媽陪」，原本不太知道怎麼陪孩子的我們剛被鍛鍊出「陪孩子的體質」，他們就長大了，遇到寫字、坐姿、拿筆的國小階段；國小時期的孩子開始會說甜甜的話，更加擅長表達，需要爸媽的正向肯定增強，這時絕對是親子情感存摺累積的好時光，他們會散發「爸爸媽媽一定沒有錯，爸爸媽媽最好了，你們會一直陪著我」的依賴。到了青春期，他們看似賭氣、有囂張的氣焰，彆扭的情緒，也有對生活不滿的改造，有對未來的想像，在他們還沒能支撐自己獨立生活時，這些想像就變成嗆聲或關起房門！但這些落差都是有解決辦法的，只要我們調整一下內心的預期，就能一同協助孩子度過這青黃不接的階段。

接下來，我們將會在第二單元針對青春期有更加詳細的說明，並且陪伴爸爸媽媽一同看看3C上癮如何與生理機制相互作用，為孩子帶來更多身心上的影響。

Part 2

一秒天堂，一秒地獄的青春期關卡

2-1 世代交棒，親子關係鴻溝其來有自

孩子頂嘴作弊難溝通、三兩句翻白眼就把你KO，手機從來不離手，憂鬱暴怒說不通，學習動機低落常放空。

當孩子無禮、沒反應、甩門、嗆你的時候，你的反應會是什麼呢？青春期的孩子非常容易引發父母深深的怒氣，讓父母心中產生各種OS甚至脫口而出：

「把你養這麼大，回這什麼話？有沒有良心？」

「態度這麼差，你是吃到炸藥喔？」

「說話這麼不長腦，去反省一下！」

「有本事自己去賺錢啊，給你吃住用玩，還有什麼不滿足的？」

「人家流行什麼，你就要什麼，你以為我是提款機喔？」

而當孩子因為你的話語做出更多反應時，你可能也會更加心煩意亂、覺得父母的權威受到挑戰，不悅、受傷，或者被誤解的感受充斥心裡，一秒天堂、一秒地獄的心情，讓你不禁想問：「明明剛剛還好好的，多關心一下就臭臉，到底是招誰惹誰了？」、「都只聽他愛聽的，講到不愛聽就翻臉，真難伺候！」

當大人因為孩子的反應而內心震盪，感受著冰火九重天的夾擊時，眼前的青少年卻好像情緒發過就沒事，反倒我們內傷很嚴重。

事實上，青春期的孩子也能感受到自己的「叛逆」，明明過去可以好好和爸媽講的話，怎麼這陣子自己就像吃了炸藥；明明過去還想找爸媽撒嬌，現在卻變得彆扭、怕被看穿脆弱的心情、也害怕被視為無能，讓爸媽期望落空；明明從前可以和爸媽分享許多事，現在卻擔心爸媽怎麼看自己，想隱藏及保有自己的祕密……，身為父母的我們別忘了，「這些時刻的孩子，也是感到不舒服的」！

在前一章，我們對青春期的大腦做了說明，此時期的大腦處在一個非常特別的階段，而身體更是在賀爾蒙分泌之下被啟動，導致這時期的孩子在「責任」面前，希望我們給予信任，把他們當大人看；但講到「愛」時，又必須記得他們只是孩子。當我們能看穿在他們冰冷拒絕的外表下依然需要愛時，父母也就比較不容易因為孩子特意的穿著、奇怪的音樂偏好、選擇冒險和頂撞的行為，氣紅了雙眼。

記得在某一次的演講場合，某位家長跟我說：「老師，聽完你的演講，我知道他們現在需要什麼，可是你知道嗎？我兒子都關在房間裡，我要怎麼跟他溝通？」看見家長挫折的表情，這個表情很熟悉！在校園中，不乏家長著急的來電或諮詢，想問問自己家的孩子怎麼了？每一個問題背後，都是家長心中的著急和被拒絕的挫折感。

很多青少年可能不知道，其實身為父母也是很玻璃心的，家長會說狠話，不是要拒絕孩子，而是感到無助和挫折；相對地，很多家長也不知道，青少年孩子說狠話、態度差，其實心裡是滿滿的恐懼和不確定性，所以他們也決定先下手為強，持續和父母唱反調、放錯重點、自我擺爛，證明自己很壞，壞到底，還爛，爛透了。當父母和孩子看得見彼此卻不理解彼此的反應時，也讓雙方的關係越發陷入僵局。

孩子的發展過程中，有兩個階段在發展自主性，第一個是在兩三歲，開始牙牙學語，俗稱豬狗嫌，難溝通的「不要不要時期」；第二個就是「青春期」。但青春期的他們已經逐漸人高馬大，心智年齡和語言成熟，與兩三歲實在是此一時彼一時，他們的固執、敏感、不接受建議、更不接受批評，讓父母感到疲於奔命。

看孩子似乎「長大了」，大人心中不免覺得孩子應該要自己會想，同時大人也在掙扎是否放手，卻不知道究竟要放到什麼程度？他跟同學出去要不要管他？要不要補習或接送？玩一整天電腦要不要限制？風箏要飛往哪個方向，手裡拎著風箏線的父母可說是戰戰兢兢。其實，與青春期孩子的相處重點之一，不是在於「要不要管」，而是在於「如何穿越孩子投出的煙霧彈，一邊穿上防彈衣，一邊理解並協助他。」

是時候讓孩子探索人生中的「灰色地帶」

我常在講座中詢問父母：「你會讓國小階段的孩子外出去打工嗎？」父母們都頻頻搖頭，我問他們為什麼？父母們各種答案都有：「他們還小、能力還不到、可能會被騙、可能會被欺負……。」

那麼下一個問題是：「你認為從國小到出社會，中間有著這麼大段的青春期，孩子們要在其中發展和鍛鍊出什麼樣的能力，才能應付社會的爾虞我詐呢？」

相較於小學時期，青少年沒有這麼溫順和聽話，是因為他們在這時期發展的重點已經和小學有所不同了。舉例來說，小學時期的「點數獎勵制度」，會讓孩子感覺自己好棒，好被認同，因此感覺到長大的快樂，期待能夠快快長大！他們很容易因為點數、獎勵而感到「我可以」的自信心、增加練習的意願。而步入國中階段後，「好棒棒」將轉變為想要「變強大」、「變厲害」、「變聰明」的狀態。這兩者的差異在於國中階段的棒是不能講在嘴上的，像是投籃成功很帥，如果你說他「好棒」、「投進一顆球就給你一張貼紙喔」他會感到不屑，也許會認為「你把我當小學生喔」、「你在諷刺我喔？」如果你說「nice喔！」、「帥一波！」他可能會面露得意，眼神不交會，但跟你說「這沒什麼！」、「還用你講！」等反應。

感受到了嗎？**我們可以從青春期孩子追求「CP值高、顏值高、讚數高」感受到孩子對於「被喜歡」、「被欣賞」、「被視為有能力」這件事情有所變形和轉移，這個階段需要隱藏重要訊息，也需要公開給暗示，以便找尋真正的答**

案，**是人類心智逐漸變複雜的重要階段**。我還記得自己青春時期最喜好的作品像是《三國志》、《厚黑學》、《卡內基》、紀曉嵐的機智問答職場求生術，就如同現今《延禧攻略》中的魏瓔珞、《皓鑭傳》中的李皓鑭……，劇情的深刻和鬥志都在青春時期這個階段，在大腦進行髓鞘化的精實包覆作用下，進行問題解決能力的延伸。

國高中階段，孩子持續透過人際互動的判讀、工作效率和興趣喜好的探索，理解適合自己的學習方法。用探索刪除法了解群科學習中的偏好，更逐漸透過校園生活的碰撞，網路或真實他人評價，逐漸發展出對自己的看法。**這一層社會化的功能，就像孩子們常接觸的動漫電玩主角，需要面臨人生旅途中檢合價值觀、判斷人我界線、從他人反應中定位自己，也就是黑白之間的「灰色地帶」**。他們會逐漸知道很多事情不再只有對或錯、選和不選二擇一而已，抽象思辨和判斷正幫助他們理解社會有溫情有險詐，需要機靈的判斷，以及心智的能力和情緒智商。

肯定三法，讓青春期孩子不排斥你的讚美

在這個階段，我建議家長們不要自己獨攬親職，曾經有家長表示，青春期的難搞程度，實在讓他很想再請一次育嬰假來全力以赴，但其實孩子不只需要你，還需要其他成熟的大人幫助你看見他的壞，背後原因必然有 why。孩子一些引發大人頭痛的行為背後，都隱含著不同的需要；爸爸媽媽可以找到同齡的家長作為幫手，常常帶著孩子一起聚會，透過他人的嘴，說出對孩子的正向看見。

此時的青少年對於父母的回饋也很敏感，找到這條路上陪伴青春期孩子的成人旅伴，對父母的親職功能將有大大的幫助。

當孩子聆聽到不同的意見和觀點，然後整合出抽象思考的正反，將他的結論和決定告訴你時，正是孩子趨於成熟的一個表徵，我們可以抓住機會，使用「肯定三法」協助孩子正向看待自己：

❶**直接肯定**：用口語直接說出孩子的具體良好行為。例如：

‧我看見你自動自發完成家務，很好。

‧我看見你依照約定先完成作業、運動完後才去看電視，很有誠信，讚！

❷**間接肯定**：讓孩子從他人處聽見自己的好，透過他人的嘴來肯定孩子。例如：

‧隔壁的阿姨說：「我聽老師說，你們家小孩不錯耶！不但會熱心助人，而且精準發現同學的需要，這個年紀能做到這樣很不簡單！」

‧爸媽說：「我聽老師說，你家政課的時候手很巧，不但自己的部分做得很快速，尤其又去幫助同學，成為老師課堂的幫手，真的很不簡單呢！」

❸**自我肯定**：當孩子做得不錯時，可以問他：「你怎麼知道要這樣做？」、「你怎麼想到的？」、「這不容易呢！你在過程中有遇到挫折和困難嗎？你怎麼渡過呢？」當孩子被問到這些問題時，他會往內心尋找答案，如此

也更容易讓好方法透過口語的複習和傳送，牢記在心裡！

透過肯定的技巧幫助孩子知道，你有看到、你知道他的好，他在你心裡是個好孩子，接下來要給建議時，他們也比較能願意且良好的吸收。我深刻地感受到，多多運用具體的肯定，大人欣賞的眼光將為親子關係帶來真誠的互動，以及孩子實質的信心，達到雙贏。

2-2 青春期孩子開始對「全能的父母」幻滅

在我的實務工作中，常有孩子會說：「我爸媽很玻璃心耶，這樣就生氣了？」、「他看起來這麼兇，怎麼可能會難過？」、「每次在講我的心情，他就在那邊自責，我已經很煩惱了，他心情還這麼多，乾脆不要講了！」……。當下，除了同理孩子的挫折，我也會再反問他們：「父母煩惱時，看起來你更介意呢？」、「當你讓他們煩惱時，你好像一下就發現了，而且還來跟我說，表示你除了在意自己，更在意讓他們困擾，你想讓他們知道，你何嘗不想要搞定自己，但目前沒辦法對嗎？你希望老師怎麼幫你呢？」幫助孩子透過親子衝突能有更多的體察。

然而我也發現，許多孩子很害怕自己成為父母的負擔和困擾。

有不少孩子跟我表示過他的困擾，就是當他在難過時，大人卻還要對他生氣，那麼在當下，他究竟是要處理大人的怒氣，還是自己難過的情緒呢？

當孩子提出這個困擾時，我會先給予回應：「我看見你很不容易耶！剛剛這句話表示『當你知道他們生氣』時，你已經選擇『先照顧爸媽的心情』，把自己的難過丟在後頭，你常常這個樣子嗎？」

有些孩子會默默低下頭沉默，我接著說：「所以，當你表面在抱怨爸媽玻璃心的時候，其實你想說的是『拜託你，能不能在這個時候好好撐住我的難過就好？』對嗎？」孩子不斷掉下眼淚，內心說不清楚的話，眼淚都說了。

父母的回應，就像迴力鏢

當大人被孩子挑戰時，這的確是個壓力情境，尤其再加上生活瑣事和其他煩惱，我們會希望此時能夠「有效率地」處理孩子的問題，拿回父母的權威，阻斷孩子情緒不佳、惡言相向的狀態。

的確，阻斷孩子惡言相向是相當重要的教導，但大人往往會因為感受到權威的淪陷，開始對孩子烙狠話、威脅、利誘、詆毀、評論、給予負面的語言回應，希望能藉此扳回一城。而當我們急著「用效率解決問題」、「先將權柄拿回來，做好父母位置」時，我們和眼前孩子的隔閡就越來越大。

以下情境，請各位爸爸媽媽可以試著回答看看：

當孩子問你問題，你給了答案A，但他沒有當下採納，反而跑去問同學、同學父母、補習班老師，得到了BCD選項，最後他發現你說的答案A最有道理，於是過兩天後，他回來跟你說他選擇A。此時，你的反應是？

❶「早就跟你說了吧！你還不信，以後聽我的！」

❷「你怎麼這麼笨，需要想兩天，你知道四十八小時多珍貴嗎？浪費時間！」

❸「你看看，你看看，還去問別人，我說的就是最對的，竟敢懷疑我？」

❹「怎麼說，最後選擇A的原因是什麼呢?你是怎麼決定的?」

你的直覺反應是哪一項?

如果答案是❹，那麼恭喜你已經掌握機智父母的要領。如果你的答案是❶❷❸，可以想一想的是，你覺得哪一種回應，最能「讓孩子長出自己的判斷能力?」

當我們在孩子有了答案，回頭想跟你分享的時候，跟他爭輸贏、表示你很聰明，或是要他未來都聽你的、抱怨他浪費時間……，出發點假設都是希望能讓孩子更有效率的「做出判斷」，尤其是能夠傳授你的厲害觀點，讓他變得跟你一樣厲害，但「毒素」就藏在這些影響關係、削弱孩子能力的話語細節中。

這些有「毒素」的語言包括：「早就跟你說了吧!」、「你怎麼這麼笨」、「你如果不會想，就不是我的小孩」等貶低、勒索的話語……。我們可以激勵孩子，也可以適時刺激，但要視孩子的特質而異，更何況，許多話語已經不是激勵的範圍，而是對孩子的人身攻擊和大人的情緒發洩。

從國小階段過渡到國高中階段，孩子會想證明自己依然是「好的」、「有能力的」、「有影響力的」，這些需求若無法從家裡滿足，孩子可能就會想要尋求外力，此時就變成找朋友、找幫派、找錢源、找情感的支持、找只認同自己的對象等問題行為。

所以，當父母使用貶低、勒索的行為話語回應前，我們要先有一個認知：**孩子在成長的過程中是不會突然具備能力，突然變得會全面思考的。**就像青春期孩子的注意力不集中，是因為他們的網狀結構髓鞘並未包覆，所以他們無法靠自己解決，通常需要靠和大人協商及討論，才能找到相對應的辦法。

最傷人的，便是父母的謾罵和譏笑，你只要記得，孩子的反應有多強烈，就表示他有多在意。他們要的是「被允許」、「一次次教導」、「一次次練習」，而不是謾罵和嘲笑，也不是一味的「盲目相信」卻沒有學到任何緣由！

用閒聊重新連結親子關係

另外一種常見的狀況是，當父母想要好好跟孩子溝通的時候，卻又很常被這個時期的孩子推開。此時，我們可以像拉橡皮筋一樣「鬆鬆緊緊、緊緊鬆」，不用二十四小時抓緊緊，適時地相信孩子。面對任何一個世代的青少年，父母重複性的嘮叨碎念都對親子關係無助益。

爸爸媽媽可以試著用以下句子作為開頭，與孩子聊天，一方面協助少年少女們社會化，並透過對話協助孩子增加對自我的認識，協助孩子對事件有更深的思維觀點。這些句子例如：

「謝謝你跟我分享你的想法，我不知道原來你想的是……」

「你這麼說也有道理，剛剛你在說的時候，我想到的是……」

「你想的方式真不賴，接著我補充一點，你參考看看……」

「我有個建議，你聽聽看，這不一定是最好的，但可以融入參考……」

「你一定知道怎樣決定是最好的，我還想到的是……」

「我聽過一個故事，（與孩子話題有關的，具啟發性的故事內容），我認為這個故事可能對你有幫助，你想到的關聯是什麼？」

「對，就是因為好難，所以我們一起想辦法，天無絕人之路！」

「我看見你在這個事件特別的投入，我聽見你說……」

「我看見你對別人的事情很用心，因為你說……」

「嗯，聽到這件事情，你的**想法**是什麼呢？」

「你認為，這件事情對你的**影響**是什麼呢？」

「你認為，這件事情對你的**啟發**是什麼呢？」

「你認為，這件事情對你的**學習**是什麼呢？」

當孩子既不是大人，也不再是小孩的階段，大人的一舉一動也都為他提供了問題解決的處理策略！他希望自己有能力，而你也希望他長出能力，放期望值時，記得「打六折」！就像孩子小時候幫你做家事洗碗，幼童期間你得用

「打三折」的期望值協助孩子嘗試，而青春期的孩子，你得用「打六折」的標準去幫助孩子做到，並且看見孩子操作時的亮點。

三明治溝通法

另外，適時運用「三明治溝通法」也是不錯的方法，也就是溝通可以如同三明治，一層一層的說。

想像你面前有著三明治的吐司和餡料（圖四），而三明治中最有營養豐富的部分就是在餡料（象徵著最重

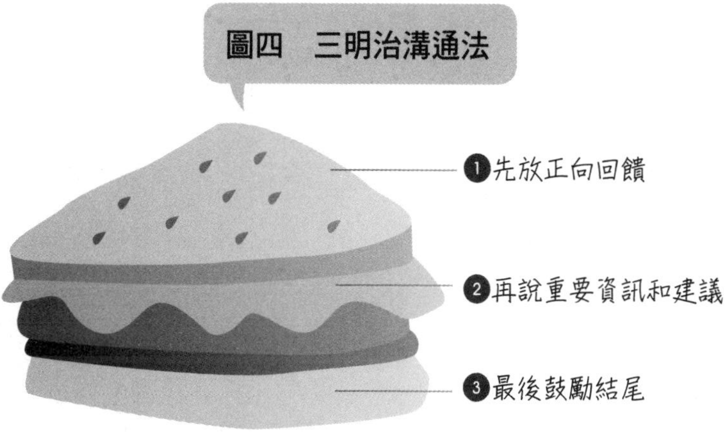
圖四　三明治溝通法
❶先放正向回饋
❷再說重要資訊和建議
❸最後鼓勵結尾

用三明治溝通法讓孩子更聽得進你要說的話。

要的話語和訊息），所以使用三明治溝通術時：第一層，前情提要鋪陳正向回饋，先肯定對方做得好、做得努力的地方；第二層夾心處，將重要的資訊和建議放在這裡，說出自己希望對方改變的方向；第三層，再以鼓勵和相信孩子結束。

這樣的溝通目的在於消弭衝突，也能協助父母先穩定情緒，把話好好說，協助父母達到溝通的本意，成為孩子溝通的典範。

有效益的溝通方式，讓對話不再徒勞無功

如果是非常重要的訊息，爸爸媽媽也可以聰明的「給錦囊」，或者請「三娘分批教子」，關鍵點在「分批（分段落、分時期）」給予建議，透過不同他人的觀點，讓孩子歸納出自己的結論，再由他自己跟你分享或討論。

「三娘分批教子」是指，找到可以信任的成年人或有同齡孩子的父母，一起打群戰，秉持❶不評論、❷不比較、❸看見彼此的美好，三大原則，多多相

約一起親子出遊、互動、參加戶外活動，成為孩子可信任的大人「們」，讓孩子在與你衝突時，還有退路找到合適討論的大人，獲得適合的引導和協助。

也許我們無法透過面對面直接聊天，聊出孩子彆扭矛盾的心境，但你可以尋求「二三娘」的協助，另外也可以透過：

❶**筆談**。（用交換日記的方式，說說彼此的看法）

❷**找他信服、信任的長輩適時地釋放訊息**。（邀請「三娘」一起來教子的原則，長輩即可）

❸**提供書籍或訊息讓他了解**。（但一次不要太多，會難以吸收）

❹**留溫馨小紙條**。千萬不要一次在社群軟體傳一大段訊息，若是你把一連串的不滿和希望他改進的部分，一次長篇大論傳出去，更容易換得「已讀不回」的結果。建議兩行兩行為一段傳訊（盡量溫馨溝通，太多不滿也會遭到孩子的已讀不回）。

❺**換位思考，把自己當作鄰居阿姨**。假想「如果你是旁觀者，用客觀的角

度，你會怎麼幫助這對親子？」無論是在婆媳關係、親子關係或夫妻關係，我常常會用幫自己切換角度的方式，換到另一個位置。像是在看一場球賽、追劇、想像如果我是他們的長輩、我是他們的晚輩、我是他的同學，我會怎麼思考這件事情。

❻**備案，從孩子身邊的朋友了解孩子**。像是他現在喜歡玩什麼、在動漫手遊或娛樂中扮演哪些角色；比較喜歡父母怎麼參與，表達關心和善意。向他的朋友問問：「假若你是他，你會希望阿姨怎麼關心你、怎麼建議你比較好？」也了解一下朋友的態度和對於被管教時的感受為何，重點在於「釋出善意、表達關心」。同時，也協助其他孩子了解他們的父母很關心他們，並且對他們有許多好奇和了解的心！

這個備案的重點不是打探孩子隱私，而是想要多了解孩子為出發點，尋求其朋友的建議，以及和朋友建立關係。只要我們的角色和心態正確，並且不拿這些內容當成吵架的把柄即可。

而當孩子主動跟你討論時，爸媽不要著急，不要酸他「早就說了吧！」、「你自己不聽」，**你現在要做的就是大大的肯定他：「對對，這是你自己想出來的，我只是推你一把。」**孩子會喜歡被推一把的心境，喜歡跟你討論，因為在你眼裡，他是個會想、有智慧、有判斷力的人；而不是「你最對，他永遠很笨」，**當他長出「他會想」的想法時，他就會長出一些自信心，並且允許你當他的智囊團之一**。

當然，有時面對重要的規範，我們得強勢地提出一些道理說服孩子。例如，使用手機的時間、家規的限制……這些都是重要的！他們要一個原因和理由好遵循，所以我們得有道理，然後將做到時的成就歸功於他，增加他的動機。

身為父母不容易，我們要放輕鬆，嘗試新的相處經驗，然後維持一陣子，建立孩子的習慣，你會發現青少年孩子不是只想叛逆，只想離開你，他只是想要用自己的方式試試看。他們需要你，因為無論你是怎樣的人，終其一生都會是他們的朋友、是人生的榜樣和嚮導！這也是親子關係中最可貴的，不是嗎？

2-3 覺知父母：從責罵孩子的話語中，找到自己的童年陰影

爸爸媽媽得知道，當我們「責罵孩子笨拙」時，其實是父母與自己的自我對話。

在我過往的父母賦能工作坊中，我常讓父母在黑板的左半邊貼上「對孩子的抱怨和不滿」的便利貼，這個區域可以說是孩子的「人設崩壞區」，父母可以寫下孩子愛遲到、沒禮貌、成績不好、品行差、貪心、自私等缺點。而在右半邊，我則會邀請家長貼上「期望孩子是個什麼樣的人」的便利貼，例如：人見人稱讚的優良青年、零負評、超自動等。

透過這個活動可以協助父母覺察，我們自己花了多久時間才學會右半邊的事情；而針對左半邊的負評、厭惡的惡習，和看不順眼的缺點，其實都存在於

我們成長過程的陰影面積中。

可能是早年你曾經很害怕有人這樣說你，你花了大半輩子努力排除的那些評論，或是你和孩子的先天氣質就很不同，你常會說「他跟我很不像！我都會……，他都不會……。」所以你無法理解孩子為何那樣！無論是哪一種原因，當我們極度不想在孩子身上看到自己舊有的惡習、特質、評論時，我們就更容易拋出這些批評與質疑對待孩子，希望把孩子矯正回來！

某些部分，孩子的確需要調整和學習改變，但我們也可以區別一下，很多時候爸爸媽媽情緒化的語言、負面評論、激烈的措辭，也有可能是我們將孩子視為自己的延伸，門面的代表，只要孩子沒做到某件事，就不是自家的小孩，就不像一家人。我曾經遇過一對父母，問我孩子不會選大學志願，但他給的建議孩子都不聽，怎麼辦？一問情況得知，當孩子選A的時候，爸媽就說BCD；當孩子說E，父母就說E不好，要選FGH。討論到後來，媽媽說：

「我其實很不想要他上大學，這樣他就離我好遠好遠，我怎麼辦……」

若身為父母的你發現，當孩子和你意見不同時，你的內心常感矛盾揪結勝過孩子，那麼你可以察覺一下自己是否「長期以來，都將孩子視為你的一部分」？許多父母會誤以為自己能控制孩子、謾罵他、責罰他，常常在孩子身上找慰藉，找補償，以至於孩子在離家或跟自己意見不同時，父母會如此焦躁、沒耐性、感受到焦慮和恐懼。

而恐懼來源，更多與你過往的成長經驗有關，和眼前的孩子無關。

當父母認為孩子和自己是一體的時候，很容易會因為孩子的笨拙，感到丟臉；因為孩子的表現不夠好，感到不堪。你看不見眼前的孩子正在奮力體認自己的能力和極限，也看不見他有成就感能自立的愉悅。青春期的分離和個體化階段，在碰撞你們的關係。倘若你將自己的願望投注在孩子身上，例如自己沒考上第一志願，但孩子成績很好有機會考上第一志願，你就希望他只能選擇第一志願，當你將自己的願望與孩子的生涯選擇融合在一體，就更難有心理空間聽見孩子的決定是什麼？為什麼他這麼選？當孩子與你的選擇相違背，你更可能指責孩子叛逆、不聽老人言、都是為他好……，而孩子也會在選項中，瞥見的是父母自己的心願，而非對自己未來的承諾、意義和責任。

親子關係不是短跑，是馬拉松

面對青春期孩子的心理狀態，爸爸媽媽得先有個心理準備，此時孩子正處於脫離與父母的融合狀態的階段。「孩子的選擇，是為他自己而選的」，逐漸承擔起責任、義務和發覺選擇中的意義，這正是孩子邁向個體化的獨立過程，父母無須過度焦慮，儘管和孩子一起看見這路途上的風景就好。

這就像你們正在開車，你只要在副駕駛座待好，不要去搶方向盤，但你能當導航提醒他最近的路徑，假若他錯過最佳路徑，到了下一個紅綠燈街口，你再重新定位一下就好。成為冷靜的導航，而不是當孩子開過頭，就開始叫囂謾罵的父母。

如果以陪跑員為例，陪跑員要給跑者的是鼓勵和資源，並和他一起評估體力、潛力及用力位置，他們專注地協助跑者獲得身體最大質量，發揮最大潛力。若陪跑員不斷謾罵、指責、抱怨、控制、給予不實期待，跑者很容易因為信心崩潰，跑不到馬拉松的盡頭，就決定拖延、放棄、耍廢、進入逃避狀態。

親子關係不是短跑，是馬拉松，孩子突然感到挫折時，表現並不會直線往下掉，而父母的攻擊性語言，和太快告訴他「沒關係，不跑也可以」，才會讓他逃避。在《西遊記》中，一次唐僧問悟空：「你要怎麼幫助我去西天取經呢？」悟空說：「你不是神仙，沒有法力，我能做的只有幫你打妖怪，但是，取經之路你得自己走。」

每一個成長後的大人就像已經渡過考驗、修練法力的孫悟空，持續闖蕩建構社會歷練，我們無法幫孩子去走他應走的道路。只能多多聆聽他的選擇，和他一起評估利弊得失，而非幫他做選擇，這是父母和孩子從權力結構中，彼此授權的一個過程。

如果你是公司主管，你會如何激勵員工，直到他可以逐漸被授權，乃至於升遷？建議爸爸媽媽，當孩子找到ABCD選項逐一分析完畢後，回頭告訴你「你的答案最有道理」時，你可以悠悠地讚許回饋他：**「很好，你會自己想！」、「你很有頭腦，你怎麼知道這麼做？」、「我以你為榮」、「有你這個孩子真好，你讓我知道原來可以這麼思考！」**

父母的反應，牽動孩子一輩子

當孩子越長越大，父母在教養的同時，逐漸「保持內心的距離感」是重要的，距離帶來美感。身為父母的修練也在此。

孩子出生後的第一個十年，親子之間黏踢踢「讓他黏，沒關係」；小學期間的父母才剛享受到孩子回饋甜甜話的親密感，爾後青少年時期，卻又被翻白眼比翻書還快的青少年中傷。父母心裡難免起伏不定，當自己無法消化的情緒沒有出口，就更容易因為不理解，怪天、怨地、怪罪孩子、怨懟時代變了，這些都是父母內心戲。就像股市從多頭轉向空頭，你一時之間手足無措，感到難受自責，找不到人怪罪。

我建議爸媽可以先透過書籍、與人聊天、檢視消化這些自我對話，而非把孩子當成發洩的對象，因為：

❶情緒化的語言對孩子沒幫助。

❷更會增加你自己和孩子相處的挫折感。

孩子已經搞不定自己的內分泌起伏，和內心想要分離的狀態，當他被父母發動攻擊，這些攻擊的包袱就很容易回擊，成為惡性循環。

我們得記得，身為父母的我們可以使用「逆思維」與孩子互動，危機就是轉機，每一個意想不到的解決辦法，都是尋求解藥和創意溝通的方式之一。如果原本的計畫行不通，就轉彎找方法，如果大門進不去，就從偏門跟他招招手，不要跟孩子在情緒上鬥牛。

當孩子情緒化時，其實也是最挫折的時刻，明明很需要智囊團，需要軍師，需要我們提供訊息，卻逞強不願意表現出來。此時，父母的角色不是船艦和救生圈，而是他們的浮板和教練，要讓孩子們長出判斷的腦袋和能力，用自己的能力游水，他們才會有自信的態度，並且在「挫折和自信」的情緒起伏中找到自己的定位。

身為父母，要垂簾聽政一輩子是最辛苦的！因為父母和孩子之間的互動是一輩子的，我在實務現場常看見：

「有些孩子沒有自己的能力，一輩子窩在父母身邊，長不出自信」；

「有些孩子長期受父母訕笑，最後，長出外表溫順卻憤怒的內在」；

「有些孩子會誤以為父母要有舞台，自己得闖出個什麼禍，才讓他有舞台」，這些孩子內在的人生信念，都是我們不樂見的！

青少年孩子的耀武揚威、得意忘形、眼高手低都是過渡時期。給予這個時期的孩子建議，他們可能會「先推辭再採納」，這是青少年時期發展的重要反應，因為他們要長出「自己判斷」和「我真的對你的想法認可」的認定，大腦才會在發展過程中完成自主的能力。

嚴厲的父母無法和孩子心連心，但縱容的父母也不吃香……………

這個階段的孩子也可能做出令自己後悔的事、說出令自己後悔的話。孩子對父母的回擊和頂嘴，往往可能是壓垮父母情緒的最後一根稻草。當孩子拿你跟其他父母比較、抱怨你對他不夠好、不懂他時，你是不是也會覺得委屈，認為他根本就在引戰？

父母通常很難在此時好聲好氣，又或是有些父母會反向的說出：「我聽你的，你覺得怎樣都對！」讓孩子更無所適從。從家族治療的觀點來說，當孩子頂替了父母的位子，對全家人發號司令、訂定規則時，內心是更不安且忐忑的。原因是：

❶他們無法好好接收父母的保護和討論踰矩的界線。

❷他們的大腦和行為尚未真正成熟到可足夠判斷，卻已經有了這個「大人」的位置，當他們有需要時，反倒無法適時求援，心理壓力更大。

所以在我面對的許多家庭中，許多孩子是想要把父母罵回／打回父母的位置，以便獲得應有的協助。他們不要父母撒手不管，他們想要父母曉以大義，想要父母給予支持，還需要父母維護一下他們的面子，好讓他們有台階下，為自己的錯誤負責和承擔後，在大人的照看下，再試一次、兩次、三次。

面對孩子看似「走鐘」的行為，若大人用詆毀、謾罵、威脅、利誘、不斷碎念等，都是碾碎彼此關係的做法。當你發現自己滿腦子充滿對孩子惡毒的言語、批評、責備、抱怨、嘮叨、威脅、懲罰的跡象時，你得先停下來，思考一下我們究竟想帶給孩子什麼樣的能力？

大人永遠別忘了「孩子和我們一樣需要幫忙！」甚至可能比我們更迫切需要有大人示範給他看。當我們光說不做，只出一張嘴時，孩子是沒有方向感的。例如，當爸媽對孩子說：「你趕快去做功課，還在這邊混時間？」下一秒我們卻打開平板手機追劇，想要放鬆時，孩子可能就會抱怨「大人只會要求小孩，自己都做不到」。爸媽聽了是不是會瞬間炸裂，自己做牛做馬做了一整天的工作家務，怎麼換孩子來數落我？

此時，爸爸媽媽請先暫停，思考一下「面對孩子不適切的挑戰，或者不合宜的要求和比較」時，我們該「協助他發展出什麼樣的思考點？什麼樣的能力？讓他認為自己是一個什麼樣的人？」

不要吝於跟孩子解釋：「媽咪什麼事情都做完了，才放鬆，還是你想要我陪著你寫功課，一起用平板解決困難？」又或是直接調整追劇的時間，讓孩子看見你在他附近看書或做家務陪伴他，時不時繞到他旁邊關心一下，透過行動以身作則給孩子看。

華德福創立者魯道夫（Rudolf Steiner）曾經提出父母的三種身分：❶監督者、❷栽培者、❸引導者。**青春期孩子的父母需要將「引導者」的成分拉高，**

看懂孩子在不聽話、不講理，不想做、失去動力的狀態下，了解孩子是因為無法負荷的壓力、難解的身心調適，暫時失去安定的生活步調，感到挫敗和惶恐，發出求助的信號。

我們在此時可以練習拿回的，不一定是父母的尊嚴和權威，而是拿回對自己的內在信任，對孩子的內在信任，規律化生活步調，找回內在的平靜，重新理解自己和孩子的處境。這樣的思維轉換也許一開始很困難，但一定可以練習，而且隨時起步都不嫌遲。建議你可以印出個大字報，讓你和孩子提醒彼此：「我們想一起在這次經驗中，進步什麼？」如此一來，你也成為孩子的榜樣，彼此一起實踐正向積極的討論氛圍。

唯有透過一來一往的「協商」、「鼓勵」、「傾聽彼此」、「信任孩子有內在智慧」，我們才有機會和孩子一起走出負向的關係迴圈。

2-4 被網路賦權也奪權的I世代

二〇〇七年 iPhone 首次問市，目前最大的I世代（internet 時代）成員已進入青春期，我們來看看這個I世代的孩子們，與我們有何不同？

根據《I世代報告書》（*iGen: Why Today's Super-Connected Kids Are Growing Up Less Rebellious, More Tolerant, Less Happy and Completely Unprepared for Adulthood and What That Means for the Rest of Us*）一書指出，現今有三分之二的美國青少年都擁有自己的 iPhone 手機，智慧型手機對青少年生活中的全面主導，從社交到心理健康都產生漣漪效應。這群孩子從一出生便能即時上網，而台灣鋪天蓋地的4G、5G吃到飽上網的行動網路，更讓青少年黏在網路上很難離開。加上疫情時期，上網課、網路交作業、網路使用的時間增長，實體互動變少，孩子對於網路的需求變得更習慣，原本在實體中有人際挫折、學習挫折、情感挫折的孩子，更容易從網路世界尋求溫暖，也更容易一離開網路就感到不安。

各大社群媒體正使用一百億次令人分心的方式，運用人類誤以為自己可以「多工」的錯覺，將使用者的注意力拿來賺錢。當我們在不同的工作之間來回切換時，會誤以為自己效率很高，但其實要做完第一件事後，再著手完成下一件，才是真正的多工。據統計，一個小時之內只要收到八則訊息，就會降低注意力，且要回到剛剛的心流狀態，平均要花上二十三分鐘。也就是說，當你花了三秒鐘，拿起手機，回覆了一個表情貼圖，卻得花二十三分鐘才能回到剛剛的狀態。

尤其當我們過度使用社群網站，耽溺在讚數和回應中時，就更容易鍛鍊自己對於手機回應「叮咚」時的敏感度，當我們聽見傳進來的「叮咚」，將可能促進催產素的分泌，增加對社群的期待感。

加上因疫情引起的口罩文化，更大大影響了I世代的青少年對於臉部辨識的能力，然而親身互動和社交判斷，都是生活中重要場合必備的。我們更需要多與孩子實體互動，帶孩子出門與不同家庭的聚餐、爬山、露營、出去走走逛逛、運動，一起創造家庭共同的活動，更創造話題和回憶。

多巴胺帶來的「虛擬高潮」

現在充斥在各處的短影片無限瀏覽模式，則是讓孩子在觀覽影片時感到愉悅，結束後意猶未盡，遂在空虛無聊時，忍不住無限點選下一支影片。

過往的媒體，在節目與節目之間，甚至段落與段落之間，會有「廣告時間」讓我們暫時得起來走動喝杯水、上個廁所。然而，現在的媒體為了讓受眾「黏在網路上」，一支影片結束後直接五秒短廣告再接續下一支影片，短廣告中又可能出現殭屍咬人、選妃、霸王硬上弓等暴露和情色畫面，看看能否被點擊後進入相關遊戲。無限瀏覽模式，這正是可能造成「網路使用時間過長和遊戲成癮」的關鍵，沒完沒了的「多巴胺搔癢」讓孩子們只想黏在網路上。

我們在第一單元介紹過多巴胺，這是一種大腦神經的傳導物質，最重要的功能是讓大腦產生「獎勵機制」，也就是做了某件事後感到快樂。

當我們觀看網路上的各類影片時，會因為多巴胺分泌而興奮和好奇，讓黏在網路上的孩子一支影片接著一支。但同時，多巴胺並不會帶來平靜和滿足，所以當影片結束後，空虛和不安的感受隨之而來，而大腦內的平衡機制，為了讓剛剛被激發過量的多巴胺回到平穩狀態，會自動使用「平衡基準線的方式」讓多巴胺下修到比還沒看影片時的更低，這時隨之而來的不安和沮喪，正是大腦發出需要休息和不要再刺激的訊號，但影片的無限瀏覽模式，卻讓我們又點選了下一支影片，再往上刺激多巴胺的激發。

影片結束後，多巴胺平衡機制又擺盪到比原本水平更低的位置，這時候，身體在前一支影片的刺激和結束，以及正決定是否點選下一支影片之間，早就呈現「多巴胺赤字」的現象。當影片結束時，我們出現沮喪、低落、暴躁和被剝奪感，這正是多巴胺赤字最典型的反應。這時我們已經疑似網路上癮而不自知。上癮狀態有幾個特徵：

❶明明知道要控制時間，卻無法克制衝動↓**強迫性**。

❷上網時間越來越長仍無法滿足↓**耐受性**。

❸不能使用網路時，出現心情鬱悶、身體不適、渾身不對勁的症狀↓**戒斷症狀**。

❹現實生活中的時間管理、人際關係及身體健康都出現明顯的負面影響↓**生活層面出狀況**。

然而不管身體有多累，我們還是希望能夠「不斷的點選」，「無限制的瀏覽」，廢寢忘食，這正是「多巴胺搔癢」的狀態。當我們欲罷不能，心癢著想要往下繼續看的酬賞，慾望迴路不斷被激發。相較於自然的多巴胺活動通常是要在付出努力過後才會產生，兩者有所不同。付出努力後獲得的多巴胺，大多能夠協助我們長出控制迴路，進而增加自我控制和計畫值的能力，協助我們攫取更多有效的方法，往目標更加邁進。

媒體分級，對孩子來說到底是什麼？

記得在我們小時候的年代，父母禁止漫畫、動畫、電視、打電動、禁止我們去外面打機台，怕孩子視力變差、體力變差，缺乏身體活動。而現代的處境更加嚴峻，藍光系統影響了孩子的睡眠狀態，孩子總是追趕著最新資訊，殊不知YT影片一天可以增加百萬隻、瀏覽頁面和新貼文數萬筆，追也追不完。在犧牲睡眠、精神不繼的狀態下，更對學習和思考產生影響，甚至暴躁的情緒，種種都影響著全面的人際關係。

睡眠正是青少年發展階段最重要的養分之一，而無限制瀏覽的媒體分級，更是讓心靈暴露在什麼都看，什麼都不奇怪的未分級衝擊中。

日前，有青少年學生來跟我分享韓劇《黑×榮耀》、《第×節課》等劇情，聽著聽著，總覺得哪裡不對勁，查了一下影片分級，赫然發現，現在網路上的許多戲劇，無論分級與否，只要點選下去都是可以瀏覽的。

過去的媒體分級是「限制級」未滿十八歲的孩子不得觀看；輔十二級和輔十五級，以及「保護級」，讓父母會先留意孩子們的年齡是否已滿該級數，避免造成孩子身心發展的不良影響。但反觀現在社群媒體的無限瀏覽模式，孩子們滯留在網路上的時間無限制延長。

在藍光的刺激下，褪黑激素不但緩慢生成，影響了孩子的睡眠和作息，更因為在褪黑激素的前驅傳導物質，血清素，也就是讓人類平靜和愉悅心情的激素影響下，造成孩子在使用手機時愉快，不能使用時暴躁（憂鬱症的治療就是調整血清素的回收抑制）的情況出現。

更令人不安的是「未分級的媒體內容」，分屍、命案、霸凌、報復、各種犯罪手法在手遊和電玩，不斷刺激著多巴胺的分泌。

孩子的大腦未成熟，前額葉皮質正處於判斷和思考的決策中心，更是衝動行為踩煞車的重要部位，這些前額葉尚未成熟的少年少女，如何跟外在前仆後繼的誘惑說「不」？再加上內分泌的激發，催產素期待能有更忠誠更多與社群聯結的人際關係，促使孩子們緊緊黏在社群網站上，深怕未能掌握最新消息，種種生理與外界因素的互相影響，使得青少年們更加焦慮和憂鬱。

在多巴胺、催產素和藍光的刺激下，孩子過去可能從飲食、運動產生的血清素更加難以自體增生，並且更容易在媒體無限瀏覽的轟炸式刺激中，想要更多的刺激，幫助自己維持良好的感覺。但如此獲得的短暫良好感覺卻付出許多代價，變成惡性循環的開始，睡眠不足、注意力不集中、學習困難加上情緒暴躁，無法正確敏銳的覺察環境變化、孩子的腦袋已經累積了許多殘餘的化學物質無法清除，最後在睡眠不足下，累積了疲累和情緒起伏，讓孩子更加不喜歡自己。

美國印第安納大學醫學院於二〇一一年完成一項關於「打電玩一週」前後的掃描實測。實驗中設置了控制組和實驗組，利用功能性磁振造影，分析兩組組員在左側下額葉和前扣帶迴的活化程度如何。研究發現，光是連續打電玩一星期，就能造成腦部的變化，降低額葉的功能。

《I世代報告書》中更舉出一項研究，研究人員將六年級的學生分成兩組，一組學生參加一個五天的外宿營隊，期間不能使用3C電子設備；另一組則是維持日常科技活動。五天後讓兩組學生同時接受社交技巧測驗，研究結果顯示，遠離螢幕五天的孩子在社交技巧上比起對照組，有明顯的改善。

孩子的大腦正處於建立和修剪迴路的關鍵時期，為了維護大腦生長，身為大人的我們，必須協助孩子在他們第二段大腦髓鞘化的時期，獲得足夠的休息。父母必須正視這群I世代少年少女們正暴露在極度疲倦，卻不斷被聲光刺激的代償狀態中的問題。在前額葉尚未成熟前，我們必須以身作則，穿透3C產品「方便育兒，小孩很乖的假像」，與孩子一同討論插電時光和不插電的活動，透過真實的互動產生共情共感的能力，更重要的是盡量避免讓孩子暴露在不適齡的音樂、影片和媒體中。

解除外在分心刺激，找回沉浸式的心流狀態

你還記得，Y世代的我們小時候上課時，若想提升頭腦的效能和複習課文內容，會做些什麼呢？我們大多時候會準備多色的螢光筆、尺、筆，逐步完成自己的筆記，花力氣在「加粗、標色、劃線」，以便抓重點和複習之用。

但在滑世代的孩子們眼裡，這些慢速複習的過程太老套沒效率了，在all in one萬能的手機和平板載具之下，設鬧鐘、拍照、無紙化畫重點、查生字單詞、聽音樂，方便好用。但是，當你打開手機時，一開始可能要查資料，最後卻滑到社群平台。對於必須耐著性子一再複習，練習、練習再練習的耐受力和自我控制力，也越來越經不起考驗，越發薄弱。

人類的大腦可以儲存短期記憶與長期記憶，當資訊進入大腦的那一刻起，便會因為複習與否，而隨著時間被深刻記得或削減遺忘。只有經過系統的處

理，例如反覆思考、組織、理解和有意義的背誦，資訊才能在腦中轉換為長期記憶；而沒有被刻意複習的訊息，將隨著時間推移被大腦遺忘，消失速度之快。研究顯示，當資訊進入大腦後，只要經過三十天，在沒有複習思考的狀態下，你以為已經牢牢記住的資訊大概只剩下一〇%的模糊印象（如圖五）。

當我們越來越仰賴3C

圖五　記憶理論

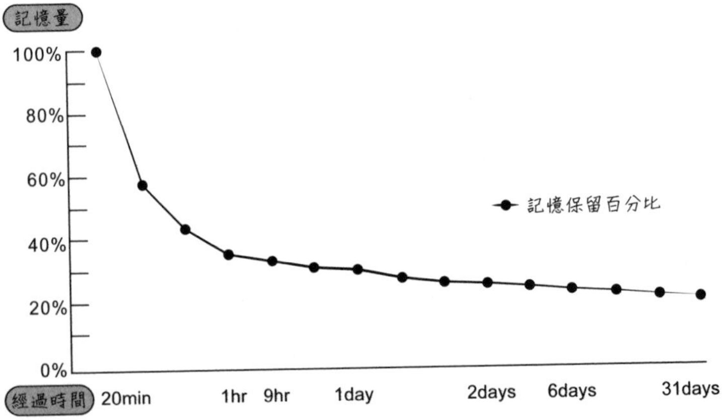

未經複習的資訊，將在三十一天內快速流失。

產品的記憶和聰明的AI時，人類會不會因為用進廢退，最終被取而代之呢？

在米哈里．契克森米哈伊（Mihaly Csikszentmihalyi）的著作《心流》（*Flow: The Psychology of Optimal Experience*）中提到，當一個人的心神非常專注，一心一意投入於眼前的工作時，會彷彿喪失了時間感，外在的一切都與他無關，他也無視於其他造成分心的因素，專注沉浸在眼前的事物，並感到幸福有意義，這樣的狀態就稱為「心流」。

心流狀態的形成大約有以下幾個條件：

❶我們的技能和能力有機會跨越這項挑戰。
❷這項作業需要高度的控制感。
❸注意力必須自然而然高度集中。
❹需有明確的目標和即時的回饋。
❺無論在做什麼，有困頓但也有順利的、不費力的經驗。
❻沉浸在這項工作裡，會有喪失自我感的狀態。

❼完全是依據內在動機而非外在要求而做。
❽會感覺到時間感被扭曲，廢寢忘食地也想完成。

一項剛剛好的任務，正好讓孩子能對外界目標確切的掌握，以及對自己能力的了解兩者中達到平衡，進而產生沉浸式的學習效果。

所有的精熟，來自於心流狀態的練習，在不被分心的時光中，我們就有機會找到自己學習的速度和剛剛好的任務分量。若能力大於目標和任務，一下就輕鬆解決，那麼就會感到無聊；若是能力有機會克服任務和挑戰，則個人會覺得有機會提升自己、挑戰極限而產生極大的興趣，進而專注力提升，期待自我突破！

你可能會忍不住想問，心流的啟動機制，和打電動時的回饋機制酬賞有何不同？孩子打電動的時候也很專注啊！

早期在研究網路成癮和毒癮的機制，往往跟「無聊」有極大的相關，當你越無聊，手機的不當使用和成癮的機率就越高，而無聊和心流正是向線的兩端。當我們離開手機會感到焦慮和慌張，甚至出現敵意和恐慌，正是手機成癮後，我們期待能從無聊中釋放和解脫，卻反倒被無法使用手機時的焦慮抓回去，而產生的現象。

然而心流狀態，則是我們運用心智解決問題時，獲得的成就感和回饋感，想停止便可以停下來，想進入又能夠掌握任務，對自己擁有良好的感覺，並非只有消磨或打發時間，反倒可以累積自己的實力、表現，我們既能打從心中滿足的慶祝和回味，更為下一次面對挑戰累積「感覺自己很不錯」的效能感。相較於打發無聊的感受，離開手機或社群媒體後，就突然「感到自己一無是處」的空虛感受大相逕庭！

3C碎片化時代來臨，練習「正念活動」關注當下……

聖地牙哥州立大學的社會心理學家 Jean Twenge 表示，現今I世代的青少年們，和朋友在一起的時間遠少於掛在網路使用的時間。他們花這麼多時間上網、玩遊戲，幸福感卻很低，看起來都掛在線上，實際卻與社會脫節。

I世代的虛幻連結來自於訊息碎片化的狀態，我們使用網路就像吃自助餐，打開網頁「天氣、股市、最新消息、頭條新聞、運動、理財」，琳瑯滿目的選擇充斥著你的眼簾。我們的注意力像是被切成一片片碎片，一恍神，完全忘記原本打開手機要搜尋什麼；滑了很久，也忘了最初想做出的成果是什麼，好像一事無成。加上網路廣告的好心推播、不斷出現抓住你眼球的訊息內容，逼著你被無聊俘虜，而關閉3C產品後，卻又發現記憶點全無。

大人都會如此，更遑論是青少年，也許有些人會認為青少年是因為無聊心態才讓他們做出更多無意義的放空滑手機行為，去打發無聊的狀態；但或許「青少年的無聊和無意義感」本身就是一個警訊，提醒我們必須做點有意義、動用心智能力的任務。

所以，當無聊的狀態來敲門時，我們要陪著孩子做的是，首先，先接受無聊本身；接下來，停下來思考能夠令人實現價值的事物，全心全意地用行動去做，而非東抓西抓一個打發時間的手機遊戲。我們可以倍伴孩子玩數獨、配對、下棋、拼圖，都比較能緩解放下3C後帶來的不適感，渡過「戒斷期」。

為什麼「正念活動」能讓青少年從無限制的串流媒體、社群網站推播、打電動消磨時間中，回歸寧靜和滿足？原因在於，當我們無聊的時候，串流媒體和社群網站，看似能暫緩無聊帶來的焦躁不安，將眼球留在網路上，多巴胺分泌一個又一個的慾望分子，但別忘記了，多巴胺這個內分泌激素是慾望分子，從來都沒有滿足的一天。而正念、冥想、撫觸、氣功、按摩等靜下來的活動，能夠讓人感到平靜、愉悅、有歸屬感、心寧靜，背後不是多巴胺的作用，反倒是催產素的運作，幫助增加知覺神經的接觸，增加對親密感和平靜的感受。

喬治華盛頓大學的精神病學和行為科學臨床教授，丹尼爾．立柏曼（Daniel Z. Lieberman MD）曾舉例，「多巴胺」這個激素本身，就像囤積衛生紙的老奶奶，不管喜不喜歡，就是把衛生紙先囤下來就對了。你所希望的東西都已經在你手裡，你卻覺得不安、失落，這就像是你聞到炸雞的味道很香，非常想吃，但當炸雞進入口中時，你卻覺得還好，心裡馬上想著再來點可樂吧！多巴胺的酬賞迴路，只看未來不看現在，使人容易往外耽溺於未來得到的快樂，耐不住已得到的當下。

而「正念活動」正是讓念頭「ING」留在當下的活動，它是促進快樂、耐住疼痛的腦內啡，以及創造平和愉悅的血清素的活動。最後，記得提醒青少年好好睡一覺，在睡眠中分泌身體需要的血清素、多巴胺、睪固酮、雌激素、催產素、免疫系統等修復，正是青春期「CP值」最高的有力補給。

Part 3

給青少年的「避險預警課」

3-1 避險預警課題一：詐騙手法進化中，談談數位性別暴力

現在的親子關係正處在一個充滿可能性和未知的時代，後疫情時期的孩子和家長們，已經很熟悉線上線下虛實之間轉換的網課，再加上數位抬頭，學校「生生用平板」網路成為生活和學習的一部分，選擇交友軟體或交到網友不再是因為現實生活中的交友困難，而是現實生活中的一部分。我們會和網路上養的寵物共情，和網友自在分享生活，他們也不再是虛幻的存在。然而，網路時代也大大改寫孩子們在面對失落、失去、獲得和離開的狀態。孩子現實生活的自我呈現，轉戰到網路上的一百種「人設」，身為家長的我們也正亟欲調適自己，協助孩子們運用網路幫助自己轉換心情，而不是另一種上癮和逃避。

假消息頻傳、內容農場、娛樂社群充斥，孩子看似不乏紓解壓力的管道，

實則壓力越來越大，家人的關懷和協助孩子進行資訊的判讀，正是我們和孩子內心搭建的橋樑之一。

基於此，我挑選了以下四個主題：數位性別暴力、青春戀愛學、面對失落失去與離別、越挫越勇練習曲，做為這一單元的主題。協助爸爸媽媽看見：你的孩子將邁開步伐，長成具備知識判讀、情感表露、具備判斷力的大人，過程需要你的陪伴，讓孩子對自己越發篤定。

優游在數位時代，讓我們不只在運用網路、面對AI時陪伴孩子，更能防範網路陷阱、不害怕在網路上人設崩壞、增加心理韌性而非玻璃心。唯有成熟可靠的大人們參與，才能幫助孩子不在網路世界覆滅，讓我們與孩子培養關係的基礎，一起撐住「孩子轉大人」的心！

根據二〇二一年行政院公布的性別不平等指數計算，台灣是亞洲性別平等第一名的國家，但在推動性別平等的二十多年來，卻分別佔據亞洲離婚率、少子化第一名，台版N號房、情殺事件、性剝削案件，甚至是揭露性騷擾事件的 me too 運動也是屢屢頻傳。

無論是哪一個世代的孩子，面對人際互動和情緒調節，本就是一門有待學習的必修課，在社群軟體發達、訊息爆炸、假消息頻傳、媒體判讀比過去任何一個時代都更加混亂的狀態下，我們如何回到教學和輔導現場，和青春期的孩子談談「情感教育」，甚至是迴避數位性騷擾、網路跟蹤及暴露於數位色情呢？

我們先來看看二〇一五年的一則新聞，這是一名加害人運用 AirDrop 傳照片騷擾附近使用者的事件。加害人使用 AirDrop 傳出騷擾照片，附近的用戶只要按下 AirDrop 上的開啟接收，便會收到標題寫著「情人節驚喜」、「耶誕節禮物」、「不點開就搗蛋，萬聖節禮物」等收禮物、求打賞或中獎訊息的通知，一旦按下接受，一封封無碼的裸露下體照就這樣進入受害者的視線，而這樣的手法，一直到二〇二三年的現在，仍然缺乏科技偵查手段。

因為未有磁扣和電信紀錄，報案製作筆錄需要監察長達數小時，因此許多受害者選擇隱忍不報案，自認倒楣，致使騷擾犯黑數不在其數，卻沒辦法遏止。雖說這類型的案件在二〇一五年就開始多有所聞，但蘋果手機使用者的抗議聲浪，卻未獲得官方的正式回應。而當我們的孩子一旦接收到這些訊息，可能就會落入個資被釣魚的陷阱，防不勝防。

因此，我們必須事先給予孩子相關的引導教育，若遇到相關案件，需立刻截圖、開啟手機環拍四周、報請運輸業者請警方到場、若順利抓到加害人，則可以依《性騷擾防治法》和《刑法散布猥褻物品罪》送辦，減低其再犯而有其他被害人的可能性。

二〇二三年立法院三讀通過，刑法將新增《妨礙性隱私及不實性影像罪》，未來散布被害案件的責罰刑度將提高，對於被害者的司法正義程序將逐漸完備，期許未來能夠因應案情和司法正義滾動式修正後，更符合現場。

然而，利用數位犯罪的案例不僅止於此。

「Deepfake」與「台版N號房」

近幾年在全球聲名大噪的「Deepfake」，是利用「AI深度學習的技術」加以犯罪的科技手法。犯罪方式是透過大數據抓取人臉特徵，將人臉A和人臉B進行偵測後，進到編碼器的AI模型，將兩張臉成功換過來。兩張臉互換後，英國女王會變成舞蹈明星，而政治人物可以恣意被換上不同立場的口白，以假亂真。這類型犯罪轉換成深度偽造技術，便可將知名人士的臉移花接木到A片女主角身上，並進行販售。

另外，在二〇二二年暑假期間，《鏡周刊》的追蹤報導中，更驚見「台版N號房」事件，加害者利用網路獵騙私密照，並惡意散布傳播，罔顧受害者隱私。二〇二一年底的「霸社」[2]事件中，一系列女性私密影像被惡意散布，甚至是不定期更新，影片內容如同南韓N號房，包括要被害者擺出特定的性愛姿勢、全裸自拍、拍攝私密行為。這些詐騙手法，不但網紅受騙，一步步讓受害者遭受私密照外流，引來的網路霸凌，更是讓受害者宛若處在人間地獄。

進化的網路詐騙，運用受害者的不法影像販售營利，獲得巨大利益，甚至還有KOL接案體驗，以「按摩、純陪聊、飯店體驗」等正當名義進行不法的性邀約，這些利用正當的商業代言滲透詐騙的性產業，需要被舉報且以保護當事者的方式報案存查，才不會造成更多的潛在受害者。

而媒體常藉由聳動標題大肆渲染，再一次的還原暴力現場、複製暴力景象。這些不友善的行為，也都再一次造成當事人難以抹滅的傷害。每一則照片和影片背後都是一處犯罪現場，而每一則嗜血的媒體報導，更是二度三度讓當事人遭受媒體網路的凌遲，未經同意就被散播的私密照，更成為當事人內心的痛楚。

為了追求流量、點閱率和商業利益；真相的追求、公眾的利益和報導的正義在此之下顯得薄弱，反倒是對視聽和娛樂的追求凌駕在導正視聽之上，假若

圖六　不可不知的數位性別暴力

- 網路跟蹤
- 人肉搜索
- 惡意散播與性有關的個人私密資料
- 基於性別偏見所為之強暴與死亡威脅
- 網路性騷擾
- 招募引誘
- 基於性別貶抑或仇恨之言論或行為
- 非法侵入或竊取他人資料
- 性勒索
- 偽造或冒用身分

由行政院定義公布之十項數位性別暴力。

我們僅能先要求自己，那就得先在好奇心之餘，協助孩子進行媒體識讀，並且引導孩子在眾說紛紜之下，謹守網路使用的分際，秉持五大原則「不譴責、不點閱、不下載、不分享、不持有」，避免成為數位性別暴力的幫兇，造成當事人二度傷害（圖六）。

青春時期的大腦尚在脆弱階段，當孩子與你分享他遇到「怪怪的事情」時，請爸爸媽媽仔細聽下去，並且協助孩子做出正確判斷。你能夠成為孩子的守門人，甚至是區域性的守門員。建議父母們在接送孩子下課、課後班、營隊時，不只是品頭論足孩子的學業表現、成績晉級，對於孩子之間友伴關係的了解，以及互相當孩子能信任的軍師，守望相助彼此的孩子長大，是非常重要的！

孩子為什麼會上當：無所不在的犯罪手法

我曾經在青少年數位性別防治預防的宣導中，設計過一個小遊戲，遊戲的題目是：如果有一天，老天爺承諾在五十天內，滿足你的「一個」願望，你的選擇會是什麼？

Ⓐ國中學科能力大滿貫，一～五測灌頂永不遺忘

Ⓑ夢寐以求的致富機會，不愁吃穿

Ⓒ永誌不渝的感情，捨不得喝忘情水

Ⓓ令人稱羨的身材和外貌，永不變形，健康無虞

如果是你，你的選擇是什麼呢？

請作答：＿＿＿＿＿＿

ⒶⒷⒸⒹ的選項都有人選，但其實我們可以發現多數孩子的選擇都很單純，直接反應了他們內在的需要。當四個選項出來時，孩子們用直覺選擇，「缺金補金，缺水補水，缺財求財」，缺什麼就試著在網路上找什麼。

選擇Ⓐ的同學可能重視的是能力，能力至上（需要能力）。選擇Ⓑ的同學直觀，錢不夠用啊（需要金錢）。選Ⓒ的同學，渴望有一段深刻的關係，這份關係永遠不會改變，不怕他不愛你，只怕你不愛他（渴求愛）。選Ⓓ的同學，可能確診過後驚覺身體健康才是最重要的，開始正視喝水、早睡早起等調整（希望外貌健康不輸人）。

當涉世未深的孩子們有需求時，最常見的反應就是直線思考，而當我們去廟裡拜拜，向老天呼求希望需求能被滿足時，老天爺可能不會害你，但是生活中遇到詐騙集團時會不會害你？答案則是「會」。

當孩子有問題不跟我們討論時，更容易求教於網路老師，輕易誤入網路陷阱。所以我們要引導青春期階段的孩子學會深度思考，例如，當看見「工時低、薪資高」的徵才廣告時，可以讓孩子練習在第一層的直線思考後，進行第二層的思考：「天下沒有白吃的午餐，對方為什麼提供這麼好的待遇，給一名尚未畢業的青少年，要拿什麼來交換？」

對青少年來說，「新聞資訊」、「心理測驗」、「遊戲」都是非常好切入的聊天話題，尤其是二〇二二年底發生的新聞柬埔寨事件，父母和老師一起透析詐騙手法，在生活中協助孩子一起保持警覺，是非常重要的預防。在這個階段的他們已經不是小孩，但又尚未有足夠的判斷力面對成人世界中的現實問題，他們需要成熟的大人一起判斷。

利用青春期心理的常見詐騙手法

衛福部調查結果顯示，國內一年大約發生一千兩百件兒少裸露照、私密照被散布的案件，其中兒童和青少年被性剝削的比例更是逐年增加，併稱為星探，時則犯案的案件更是年年攀升。其中，國中生受害者為最多數，接著是高中生，再來是小學生。雖然新聞稱呼這些加害者為「網路惡狼」，但爸媽不可不知的是，通常對孩子進行「誘騙」的人，都是以善意的假面具現身，孩子很難辨識他們實際上是軟硬兼施的慣犯。

根據衛生福利部二〇二一年七月的調查指出，性侵犯的加害人大多數是孩子熟識的人，佔八四%，其中六成五的受害者是未成年。據統計，約略有四六%的受害者是自拍私密照後傳給加害人，而將近七〇%的被害者則是遭到加害人的誘騙、脅迫。

加害者利用孩子的信任，刻意營造好感，讓孩子卸下心防。這些陌生人的「誘騙ＳＯＰ」起手式往往是誘導孩子幫忙，像是：「我手機沒電了，幫我一下好嗎？」、「你知道便利超商怎麼走嗎？你真好心！」、「你看，這隻狗狗好可愛，放學都可以來我家找牠玩啊！」、「我爸媽也對我不好，他們不懂我，我們處境都一樣。」……運用這些善意的話題，花最多的耐心和高竿的騙術一步步獲得孩子的信任，不知不覺步入陷阱後，使用最陰毒的脅迫到手，快速毀掉受害者的人生。以下為最常見的誘騙七大手法：

❶假意成為男女朋友／迅速互稱老公老婆，以要求對方的私密照。

❷網路聊天成為「知心好友」後，再以情緒勒索取得私密照。

❸「叮咚，禮物來囉！」（請點）洩漏個資後的私密照威脅（釣魚）。

❹假裝為同齡青少年，要私密照互相檢查發育狀況。

❺徵模特兒，要求私密照片做為應徵條件，要求拍照並越拍越露骨。

❻提供減肥祕方，以私密照面試，佯稱作為「前後側比對」誘使使用者上鉤。

❼用私密照交換遊戲點數、偶像演唱會門票等兒少想要的實質品。

當犯罪分子和孩子混熟之後，便會使用軟硬兼施的手段，尋求更多私密照，並依此為勒索手法。像是一些撩妹句法：「你好漂亮，我打賭你在現實生活中更漂亮」、「我跟你約定來我家什麼都不會發生」、「給我摸幾下就好，不會懷孕」、「有沒有人說過你身材好好，抱起來一定好舒服」……以上這些話語，讓當事人覺得自己是對方的唯一，感到特殊和被吹捧的喜悅，進而因好感度提升，更加無法拒絕。而若遇上騷擾慣犯，則是會利用各種說詞，讓毫無防備的孩子步入陷阱：

- 「你怎麼能拒絕我？現在應該換你證明你有多喜歡我！」（**扭曲對價交換**）
- 「你現在慾火焚身說不出話來嗎？」（**過度幻想**）
- 「我們來交換密碼，看你跟誰聊過天？」（**窺探隱私**）
- 「傳一張專屬我的照片來看看！」（**誘發獨特感**）
- 「大家都這樣做，沒事的。」（**卸責並且普同化作法**）

- 「你已經有我的照片，我也要擁有你的。」（**欲創造私密且獨特的關係**）
- 「你想讓我失望嗎？」（**典型情緒勒索**）

製造情趣不成變情勒，求交往時裝瘋賣傻，合得來則兩小無猜，合不來也得被吸血認栽。真正成熟的關係建立在能夠被對方拒絕、也能拒絕對方。

事件發生後大人的反應

當孩子發生類似的事件時，爸爸媽媽當然會生氣，氣孩子太傻太天真，不懂得判斷，任意相信陌生人。但是，**第一時間請先不要責備孩子**，因為孩子通常是被「誘騙上當」的，**他們常處於被出賣卻不敢說**（加害者可能威脅孩子：如果你敢說出去，就散布給更多人知道）、**被脅迫怕影響家人**（加害者可能威脅孩子：要到學校堵人、並告知孩子的班級姓名和家裡地址），求助無門的劣勢狀態。

建議爸媽先將氣憤的情緒收起，不罵到臭頭，為孩子保留最後一個可以說話的空間，此時的你請先記得：

❶先別急著教訓孩子，因為做錯事的不是他們，而是有意讓孩子受騙受傷的加害者。

❷孩子的羞愧和懊惱絕對不亞於你，甚至更多，因此此時的責備並不會讓已經造成的傷害好轉。

❸安撫孩子並給予情緒上的支持，就連大人被詐騙之後，都會懊惱的不得了，更何況是心智年齡未成熟的孩子。

❹尋求相關單位協助。（請見附錄）

當孩子承受巨大的壓力和難堪的內心煎熬時，身為成熟的大人，我們可以做的是在他內心脆弱的時候，成為他的肩膀，一起分擔並解決問題。

日常生活中建立習慣

面對數位詐騙的防不勝防，我們必須教導孩子使用網路和３Ｃ載具時避開模糊與危險地帶，就像孩子小時候，我們會要求他過馬路一定要牽著大人的手一樣，因為馬路如虎口，遊戲奔跑危險多。而在Ｉ世代，家長必須確實知道孩子在使用上的瀏覽內容，畢竟水可載舟，亦可覆舟，若放任孩子過度無規範的使用網路，他也許還不會變成馬克祖克伯，反倒可能先後悔莫及。因此我們可以：

將提醒導入日常話題中

我們可以在平時利用新聞案件與孩子建立起相關話題，鼓勵孩子面對數位犯罪時不拍攝、不轉傳、不私存。

若是身旁的人發生，我們都應該收起好奇心，成為不下載、不轉傳、不助長散播的吹哨者，協助通報網路內容防護機構 iWIN，若需諮詢和刪除影像也可以撥打協助電話（〇二）二五七六－二〇一六。

●建立手機的使用習慣

使用手機要有時段限制，才能讓孩子有穩定的身心。孩子可以運用手機學習、資料查詢、偶爾放鬆打小遊戲，但並非一打十個小時過去，爸媽樂得輕鬆，孩子卻逐步成癮。

這樣的老生常談，離我們的體感經驗也並不遠，就像過去父母在我們看電視、看漫畫時會要求休息時間和禁止時間，當時的孩子大多摸著鼻子就出門打球、寫功課、去同學家進行實體的活動，當時的電視電影也有普通級、保護級和限制級。反觀目前推播影片的軟體，在廣告期間就會出現許多涉及暴力的遊戲畫面、選妃等成人遊戲，故需家長多多把關，才能杜絕孩子一步步涉險。避免孩子因基於好奇心、無聊、跟風或是怕和朋友沒話題，而逐漸沉迷網路或陷入不小心被詐騙的情境：

✧社群軟體跟風危機：有最新的軟體欸，用用看！（**網路交友危機**）

✧放假想見你，見不到你，傳張私密照給我安慰一下！（**拍攝私密照邀約**）

✧你很落伍欸，大家都在玩〇〇手遊，你不知道？（**遊戲和社群跟風陷阱**）

✧終於放假囉！我要打電動打到爽！（**遊戲成癮風險**）

●安排不插電家庭活動

在不插電的時間中，我們可以帶孩子出門露營、參與實體的活動、爬山、涉水、看溪流瀑布、種花種草，一起進行家庭活動。

搭配第四單元的不插電活動，邀請全家人都放下手機，將眼神和注意力從3C的使用中移開，唯有日常中培養相處時光，才有機會透過彼此的深刻了解，進而有機會和孩子聊到數位世界的各種危機，以及留一條路讓孩子發問，了解孩子目前關注的流行內容和真實想法！

3-2 避險預警課題二：「戀愛，練不愛」的青春戀愛學

青春期孩子大多會面臨情感萌發的巨大課題，這不僅是孩子的同時也是爸爸媽媽的挑戰。

我們在一份給七年級孩子的問卷調查中，有這麼一個問題：「你有喜歡過別人嗎？喜歡時你會怎麼表現呢？」孩子們的回答各式各樣，例如：想一直和他聊天、找他玩、滿腦子想到他、跟朋友聊天話題都會轉向他、過度解讀對方的言行舉止、不斷注意他、網路上主動關注他……。

看著學生的回應，我的腦海中也翻出自己在初戀時的各種場景……，這個時期的孩子衝動、好強、佔有、重視同儕觀點、很在意自我形象、容易因賀爾蒙召喚，對異性充滿好奇。青春期孩子在催產素的分泌下，會期待發展出信任

的友伴關係，與社群連結，也會有產生羈絆、朋友忠誠，擁有一票姊妹淘的需求；而睪固酮分泌則會讓青春期男孩顯得衝動、好動、愛逞強、喜歡冒險。內分泌賀爾蒙的產生，讓青春期孩子的器官、身體質量逐步攀升、突然長高、手長腳長，全身的神經都在進行重組，加上多巴胺的分泌，孩子對於未來夢想、萌發感情、擁抱良好的人際關係，都有不同的期待和想像，更願意嘗試，也更容易感到不安和脆弱。

在身心發生變化之際，對交友的好奇和需求也變得強烈。事實上，人類在青春期階段，也被賦予了一項重要的任務：「**在情感追逐中定位自己，在生育權之前發展和練習成熟的情感經營**」。

我們經常會聽到許多父母因為擔憂孩子被騙、感情影響課業而下「禁愛令」；或因為受上一代父母的影響，而對愛情的大哉問避而不談，以為不談不提就可以讓孩子遠離戀愛。等到孩子上大學甚至出社會後才突然解禁，面對突如其來的「開放交友」，本來應該是正當交往的入門券，卻令孩子跌跌撞撞。

因此，對青春期孩子的「練愛」課題，我們一連設計了十堂的情感教育課程，讓孩子們透過繪本討論究竟眼前的是友情，還是愛情？在青春期的愛情中要遵守哪些分際？有好的遊戲規則，才能好好開啟一段關係，並且好愛也好散。下課後，幾位學生跟我說：

「老師，我女朋友真的讓我很煩，但我媽更煩，每次都問我到底跟女朋友怎麼樣，一直限制我的交友圈，上了這堂課聽了那個故事很有感覺，我決定我得維護自己的驕傲，把時間花在刀口上，不要讓自己後悔莫及，這樣才聰明……。」

「老師，談戀愛好麻煩，他問我瀏海好不好看，我說好看，他覺得我敷衍、說不好看，他覺得我毒舌，這樣是要怎麼相處下去？」

「老師，我男朋友很黏我，在我要讀書的時候，一直要我開視訊鏡頭陪他，我覺得很分心，該怎麼辦？」

有些學生則是受困於「友達以上，戀人未滿」模糊不清的曖昧關係，「他到底喜不喜歡我？」、「到底怎麼做，才能證明我很在意他？」、「我該花時間陪他嗎？」、「當對方限制我交朋友，常常吃醋時，我該怎麼辦？」這些都是青春期的孩子表面上不說，但心裡百轉千迴的問題。

繪本《用自己來愛你》：與青少年「談感情」

在情感教育的十堂課程裡，包含起承轉合四個部分：愛熱戀之始、愛同感之虞、愛走心之時、愛散場以後。課程中，我們會使用學習單、繪本引導、使用桌遊圖卡或情境互動、以及畫圖彼此分享。

課堂上我運用繪本《用自己來愛你》，分段和學生們探討追求親密和自主之間的這條「界線」。

《用自己來愛你》的內容故事是這樣的：

擊擊，是鳥中之王，有著強悍的臂膀，是曆居飛行的冠軍；菲菲，是森林中最美麗的鳥姑娘，也是所有未婚公鳥的愛情女神。

擊擊和菲菲各自有著人人稱羨的條件。擊擊對菲菲猛烈追求，卻一直走不到結婚那一步，菲菲對於要更進一步的交往，尚有疑慮。

某天擊擊問菲菲：「我是哪裡做錯了嗎？為什麼不和我走入婚姻？」菲菲想了想說：「你的臂膀很雄厚，我不免會擔心有一天你會展翅高飛，一走了之……」菲菲的擔心也很合理，畢竟擊擊也血氣方剛，條件誘人。

引導❶↓此時，我會停下來詢問孩子：「如果是你，面對菲菲的擔心，會怎麼辦？」讓孩子發言，說說自己的想法。

於是，擊擊想了想，「ㄆㄧㄚ」的一聲，把翅膀折斷，說：「此時你再無疑慮了吧？」

引導❷↓停下來問孩子：「如果你是菲菲，對方這麼做，你會怎麼想？」

學生可能會有各種不同的答案：「傻眼欸」、「遇到恐怖情人嗎？」、「未免太犧牲」、「很痛欸，他在幹嘛？」、「擊擊遇到要討論就這樣，以後什麼都不好討論了」、「他都犧牲這麼大了，我如果不答應他，他豈不就白犧牲了……」、「大家會不會覺得我在這時候拋棄他，就變成那個壞人」等等。

菲菲這時嚇傻了，卻也答應了擊擊要結婚的請求，但心中難免忐忑。

引導❸→此時問問孩子：「你覺得菲菲在忐忑什麼？」

同學們回答：「好像哪裡怪怪的……」、「擊擊都沒想過這樣沒辦法工作耶，那有補助可以領嗎？」、「嫁給這麼激烈的人，會不會有話不敢講」、「因為這樣就得委屈，好奇怪……」、「菲菲到底是因為什麼嫁給他，可憐他嗎？還是覺得自己做錯……」

日子一天一天過去，某天森林面臨樹木砍伐的危機，眼見過去的追求者們都帶著一家大小準備遷徙，擊擊卻無法扛著一家人的家當移動，菲菲的心裡很是著急。

某天，菲菲丟下孩子離開了好久，回來的時候帶著另一隻公鳥，並向擊擊表示：「我得帶孩子走。」擊擊眼睜睜看著公鳥馱著自己的孩子和菲菲一起離開，想起自己的無能為力。他想起菲菲過去也是家中的好太太，只是，自己無力帶他們遠離災害。擊擊領悟到，當年折掉一隻臂膀，也許讓他得到了愛情，卻折掉了自己的驕傲，也折掉了可以扛下一家子的能力。

擊擊在殘破的森林裡，閉上眼睛留下一滴眼淚並表示：「下世愛你，不能沒有自己！」

不盲目的愛，才是真的愛你！

當孩子聽完故事，我們可以引導孩子一起討論，並且在設計好的學習單上寫下回應，再由學習單延伸到口頭討論。

以繪本《用自己來愛你》為例，學習單裡的問題包含如下：

問題❶↓這個故事讓你體會到什麼？

孩子回饋如下：

- ■「一時衝動的代價，成為未來無法彌補的後果。」
- ■「不要因為愛，傷害自己！」
- ■「愛情中，應該要第一保留自己的本分；第二，自己要有能力，否則另一半沒有能力時，都很辛苦！」
- ■「不要為愛情奉獻過多，要保留自己的底線，過多的給予對雙方都是壓力。」
- ■「愛應該是讓他保有他自己，變得更優秀，更好更完美！」
- ■「當我們任由對方予取予求的時候，雖然滿足了對方，但在無意中也失去了自己！」

■「不要為了愛他，忽略了最重要的自己。」

■「有時不要太衝動，不必破壞自己驕傲的部分來獲取愛情！」

■「有時候你認為是因為愛才去做這些事情，對方不一定這麼覺得。」

問題❷↓現階段的你，希望保有自己的什麼？

孩子回饋如下：

■「交友圈、被尊重、自由、生活步調」

■「自己的個性和興趣」

■「自己的隱私空間」

■「有自己的原則」

■「本分」

■「榮譽」

■「規劃生活的能力」

問題❸↓假設現在你有喜歡的人，但時間就只有這麼多，你希望能維護或成就對方的什麼呢？

孩子回饋如下：

■「體貼、貼心，善解人意，能體諒另一半。」

■「他的微笑和共同的回憶。」

■「也許是安全感和一定程度的信任。」

■「尊重他人同時也要溝通去表達。」

■「讓他變得更好，有更好的生活，過得快樂！」

■「用假日時間陪伴他。」

問題❹↓針對上一個問題，寫下一個具體做法，並和同學分享如果是你，你會怎麼做？

孩子回饋如下：

- 「給彼此生活的空間，尊重對方。」
- 「保護自己的底線，讓他知道我不隨便。」
- 「和她有條理的一件一件慢慢處理，溝通。」
- 「當我在做事的時候，給我足夠的時間去讓事情完美。」
- 「讓他知道每個人都有尊嚴和差異。」
- 「做好我自己，變得更好！」
- 「讓他注意，又不打擾他。」

問題❺↓更多延伸問題

「在日常中，會讓你驕傲的能力有哪些？」

「在你談過的戀情裡，你想做的事會被壓抑嗎？」

「當對方抱怨你擅長的特點（人緣好、朋友多、功課好、花很多時間在課業、有夢想可以追尋）讓他感到有壓力，你會怎麼辦？」

「面對對方的質疑或擔心，你會怎麼兼顧和表達出你的需求？」

透過互相的分享，進而和學生口頭討論，孩子七嘴八舌地分享著：「你有自己的驕傲／才能／技能，都是件很棒的事情。」、「祝福彼此都往更好的方向邁進。」、「當感情剩下佔有，就容易變質，很難變成『戰友（互相勉勵、彼此求進步）』」。

讓孩子們分享和討論自己喜歡的戀情樣貌，以及想要發生在幾歲，如何拿捏身體界線，並且遇到危險時可以和誰討論。同時也在最後，引導同學思考談戀愛並非是「付出越多，收穫就越多」的事情，既然收穫不等於付出，了解另外一方的意願、態度、目前的想法，以及尊重對方的決定是非常重要的。

透過繪本故事的引導和討論，讓孩子明白「談戀愛本身是需要花時間學習的」，停下來想想，才有機會更成長及成熟。

然後，記得，愛不是隨便投入，或者用盲目和衝動交換、更不是妥協犧牲和委曲求全，最後還問對方「我到底做錯什麼？」可以跳脫「對錯」的觀點，給雙方一點空間，或許只是時機未到、只是不適合、只是你們步調不相同、人生進度搭不上或者成熟度不同，這都有可能。最後記得，愛不是用身體或委屈來交換，才能得到。當對方能接受你有驕傲、有開心、有底線、也有原則，才可能是真的喜歡你且尊重你，與你一起成長的人！

孩子交友的界線與分際

大多數的情感建立都是漸進式的，然而，現代交友的面貌在3C數位產品的影響之下，也產生了巨大變化。許多的網路交友在網路上聊天兩三個小時，就互相稱呼「老公、老婆」，認為自己是對方的唯一，並且用「給我看一下」、「難道你不想滿足我嗎？」這些說法要求對方提供裸露照……，這些都是學生們在網路上感到困惑，回頭跟老師們討論「好像哪裡怪怪的」的地方。

面對孩子的疑惑，我們也可以在情感教育課中做出引導。以繪本《用自己來愛你》為例，我在繪本的延伸討論中，運用動物學家笛氏門．毛里斯（Desmond Morris）的「親密關係的十二階段」，搭配友誼洋蔥圈，協助學生思考關乎情止乎禮的行為有哪些，以及提醒孩子和朋友之間的人我距離分際。

親密關係的十二階段

「親密關係的十二階段」是毛里斯幫助戀愛中的人們，了解雙方關係目前的親密尺度，這十二個階段如表一，分別是：

表一　親密關係的 12 階段

親密關係度	肢體接觸階段
一般朋友關係	❶眼望全身（Eye to body）
	❷互相注視（Eye to eye）
	❸聲音傳達（Voice to voice）
戀愛男女關係	❹牽手（Hand to hand）
	❺摟肩（Arm to shoulder）
	❻摟腰（Arm to waist）
親密愛撫行為	❼臉的接觸—包括接吻（Face to face）
	❽手和頭的接觸（Hand to head）
	❾手和身體的接觸（Hand to body）
廣義性行為	❿口到胸的接觸（Mouth to breast）
	⓫手和性器官的接觸（Hand to genital）
	⓬親密的性行為（Genital to genital）

笛氏門．毛里斯提出的「親密關係的十二階段」。

從❶眼望全身開始，數字遞增代表身體接觸越親密，也越需要雙方的意願，否則就是強迫。一般來說，即便是要好的親密朋友最多也停留在❶～❸的部分。進展到❹以上的階段，則逐漸從曖昧關係發展到交往的確認。接吻和身體的接觸，則是更多交往後且十六歲以上才能進行的身體接觸。

若不遵從他人意願就進行身體接觸，可能惹上性騷擾之虞的疑慮，所以確認雙方認定的關係，是人際關係中非常重要的一環。通常我會設計學習單，讓孩子填寫在他認為的交往關係中，雙方的肢體碰觸應該進展到什麼程度，以了解學生的觀念，以及他們個人的意願。並提醒他們法律規定未滿十六歲，即便在交往關係中也必須僅止於手和身體的觸摸，不能有性器官的撫觸和口交等侵入的接觸。

在這部分的引導語中，我會和學生討論，每一個人都不需要為他人的情慾負責。尤其是確認交往關係後，不需要因為想滿足對方的需要，任憑對方予取予求。進而引導學生們思考「什麼樣的關係才是真正的彼此尊重」、「真正相愛的人，會尊重你的拒絕和不舒服的感受，並且好奇和關心這其中的故事，而不是生氣或僅止於怒氣」。

友誼洋蔥圈

友誼洋蔥圈則是讓孩子知道朋友有親疏遠近的差別，從最核心裡每天一起上學放學的緊密友伴、交往對象，到外圍僅止於同學關係，或是沒有特別交集的遙遠的鄰居朋友。

所以，在探討情感教育時，我們可以運用圖七的「友誼洋蔥圈」將孩子的交友圈分成「網路上」、「現實中」兩部分，再讓孩子一層一層填上他們生活中的人際關係。利用「親密關係的十二階段」與友誼洋蔥圈，與孩子們討論人際與身體的界線。期待能引導學生們思考，自己在網路人設和現實生活中的落差，以及自己真正想要的情感關係是如何！

圖七　友誼洋蔥圈

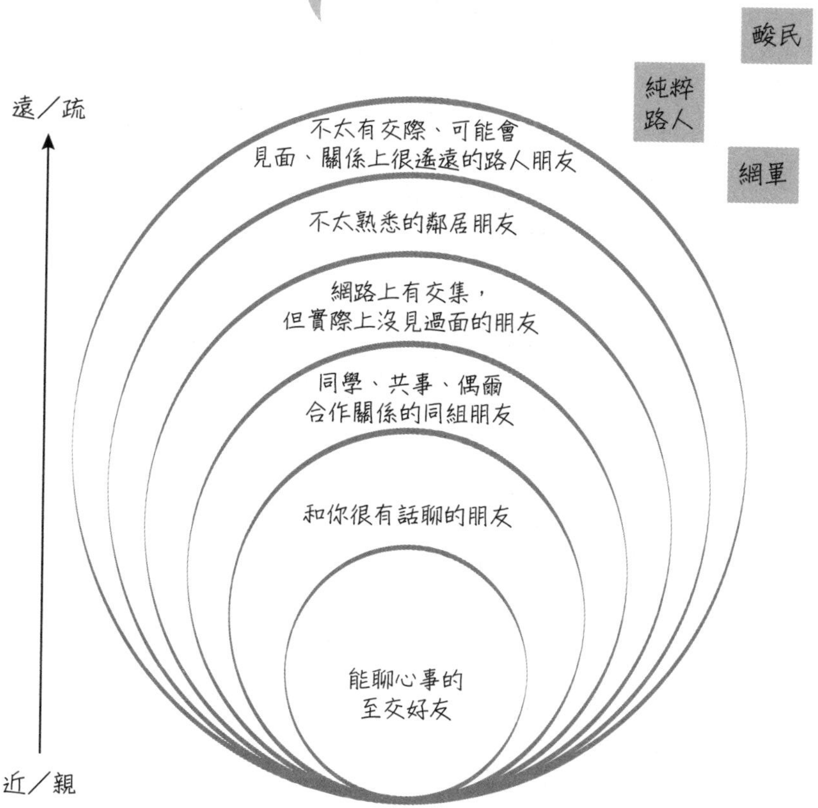

讓孩子填上他自己的友誼洋蔥圈，做為人我分際的依據。

為愛畫出安全底線

除了使用「親密關係的十二階段」與「友誼洋蔥圈」之外，面對孩子交友的界線，大人也可以利用生活中的案例和孩子討論。

舉例來說，當遇到親密關係中的索取時，我會和孩子們說：「反觀你的爸爸媽媽，他們是合法的夫妻關係，當他們想要和對方發生親密行為時，對方能不能拒絕呢？」

孩子們可能會回答：「當然可以啊！」

「那答案很明白了！面對關係中對方的予取予求，你是可以拒絕的。那麼在曖昧中的你們既不是合法夫妻、連交往關係都沒確認，當對方因為寂寞孤單覺得冷時，便利用你的『在乎』而進行不合理的要求，這樣合理嗎？」學生搖搖頭。

我接著說：「你會擔心拒絕對方，讓彼此的關係變不好、擔心彼此有隔閡、擔心被誤會、害怕對方覺得你不夠喜歡他，擔心會傷害他，對不對？」

多數學生可能會回答：「對啊！」

我說：「那麼如果他喜歡你、能為你設想，為什麼要給你這種心理負擔，為什麼一定要你拍裸照，才代表你愛他呢？為什麼無法遵照你的意願，不想就不想，反而還指責你小氣不滿足他，但其實是他無法消化自己的慾望，卻賴到你身上，對吧！」

或是我也會用家人的關係舉例，加碼詢問孩子：「你覺得你的爸爸媽媽愛你嗎？」

「愛吧！」孩子用彆扭的表情吐出這個答案。

「爸爸媽媽供你吃喝拉撒，毫無怨言，他們會想要看你洗澡、要你提供裸照，才能證明你對他們的愛，或者你們是親密的家人嗎？不會吧！如果你洗澡時不讓他們進來，他們會說話羞辱你，引發你的內疚感嗎？也不會吧！如果有的話，一定要告訴老師，我會馬上通報家內性騷擾。如果和你關係最親密最愛你的家人都不能也沒有權利這樣要求你了，網友憑什麼三言兩語就要你交出最私密的身體照片呢？只為了讓他開心，讓他證明跟你很要好嗎？怎麼聽怎麼奇怪！你要多想想，隨時都可以回來跟老師討論！」

通常學生會突然豁然開朗，發現自己怎麼都沒想過這些。學生往往是透過對話，才能長出智慧的，當他們被朋友或網友蒙蔽時，更需要堅定可靠的大人一起當智囊團，想清楚該怎麼辦！

為什麼我要這樣「吐槽」孩子的朋友？因為我們不要讓孩子葬送在這些想法中。在青春期這個年紀的孩子，都是想要被欣賞、被肯定、被喜歡、不被誤解的，因此當孩子一遇到心儀、欣賞的楷模和對對象時，容易因為似是而非的想法而困擾，像是：

- 他這樣很可憐，我一定能改變他。**（有拯救者的情結或心態）**
- 我可以幫他做的事很少，頂多就給他一段愛情。**（你有問過自己喜不喜歡他嗎？還是證明自己有能力給）**

● 愛就是要霸道。(從小說上或偶像劇看來的)

● 認為愛就是要佔有對方。(在愛情中佔上風才是成功,是一種執念)

● 愛就是要盲目。(**閉上眼睛追的意思,這樣的戀情很像事單人舞,自己跳自己開心**)

回頭想想我們自己曾經談過傷痕累累的戀情,大多數都是不了解自己、還不懂得自己的愛有底線,很可能基於心軟而委曲求全,甚至是傷了自己也傷了對方,甚至還可能因為對方的權勢而屈服。

「愛」的本質和珍貴之處,就是可以談、可以協調、溝通和成長,如果沒有這些基礎,只有佔有、禁制、忌妒和白操心,那比普通朋友,更多上一層負擔!孩子沒想好,想來找大人討論是很可貴的經驗,當我們第一時間沒有批評孩子,並逐步協助孩子釐清和網友的關係與分際,孩子會因為有你的加持和討論,更有勇氣對不合理、超出分際的友誼離線或下線。

3-3

避險預警課題三：面對失落、失去與離別

人生中有四道課題最難，分別是「道謝、道歉、道愛、道別」，每一項都必須花費時間好好修練。在過去的親職講座中，我曾經詢問現場讀者，當時受眾正有青少年和他們的父母親，我問：「你認為人生走到現在，道謝、道歉、道愛、道別，哪一項最難？」

麥克風遞向一位染著金髮的長髮少女，她大方地拿起麥克風直覺地說：「我覺得是『道愛』吧！」

「怎麼說呢？」我好奇地問。

「因為，我們根本還不知道愛是什麼啊！」眼前十幾歲的少女，率真的說出年輕人內心最困惑，卻不可言說的人生課題。

接著我把麥克風往另一邊傳，一位年紀與少女不相上下的男同學，拿著麥克風遲疑了一下說：「欸，我覺得，是道歉吧！」

「怎麼說呢？你的看法是？」我一樣追問了下去。

「因為大家都自以為是，覺得自己是最對的，可是我們都有盲點。」

的確，這四大課題都非常難，所以需要練習，當我們學會了，也有機會撐住孩子的心，一起做到這人生四道的生命禮物。

往更年長的那一端，約莫五十幾歲的家長舉起手來說：「我覺得是道別。」說罷潸然淚下，他說在父親失智之後，關於自己的一切都逐漸被遺忘……眼前最熟悉的父親漸漸失去記憶後，他們之間的記憶失去了對口，更沒有一起回憶的對象，彷彿在活著的時候，就逐漸體認到記憶的死去。

此時，講座中一片安靜。或許在人生四道之前，我們都是記憶洪流裡急奔的小水滴，掌控不了何時會被淹沒；但卻也在其中獨佔了歷史的一個角落，寫下屬於我和你、你和他，我們你們他們之間，這些關係串連蜘蛛網中的回憶。

在人生四道的學習和表達中，我們見證彼此在生命中的獨特位置，確立「我介意、你也介意」、「我記得，你也記得」、「我重視，你也重視」的依附感，彼此沉浸在記憶的美好和衝擊，回憶的爬梳和重新理解之間，確立此生為何而來的意義。

其實「道謝、道愛、道歉、道別」都是需要練習的，蓋瑞・巧門（Gary Chapman）曾提出「道歉的五種語言」和「愛的五種語言」，分別是：

「道歉的五種語言」

❶表達悔恨、❷扛下責任、❸補償對方、❹真摯懺悔、❺請求原諒。

「愛的五種語言」

❶肯定的言詞、❷真心的禮物、❸服務的行動、❹精心的時刻、❺身體的接觸。

時時記得在人生之難面前，我們都是如此渺小卻值得被理解，我們都需要彼此撐住彼此一把，給出這份溫暖的提點，就是人生中最可貴的練習。

沒關係，是想念啊！

在一次帶領學生面對失落的重大事件裡，我設計了一份「悲傷陪伴小手冊」，希望透過手冊，讓孩子知道面對失去會難過是因為想念，我們可以用淚水一起回憶，可以用行動稀釋悲慟，沒有被悲傷擊垮的我們，即便失去也能溫柔地善待自己，並體認好好活著、活得好好的真諦！

我們是這樣開頭的：「重要的人過世，我們都很悲傷，死亡讓我們察覺活著的意義和陪伴的重要。快樂可以共享、失去和悲傷也是。」死亡和失去，提醒著我們要珍惜曾經的歡笑、淚水、汗水、如果你因為失去，內心浮現一些沉重的感受是很正常的，因為記憶有重量，佔據了心裡的位置，當你所愛的人過世、物品遺失、好友搬家時，心裡難免感受到內心被挖空，因為你們曾經有過深刻記憶。

所以，且記得在失去面前，「悲傷」從來不是一場判定及格或不及格的人心測驗，更不是抗壓與否的壓力測試。也許會感到失常，不專心、連原本日常簡單的事情，也讓你困惑或遲疑，生活突然變得毫無生產力，但你得記得，光是吃飯、喝水、睡覺、打球、活動你的身體、拉拉筋、淋浴、該去串門子就去，都是幫助你生活還在軌道上的最佳規律！

人的一生，都有過大小擦傷，擦傷會痊癒，更值得細細品嘗人來人往的人生風景！

●陪伴孩子，走過失去的練習題

當孩子面對因為失去而產生的悲傷、失落、悔恨等等情緒時，我們可以請孩子記得這一項飛航守則：「當心情混亂時，就如同遇到飛機亂流，請先戴上自己的氧氣罩，確認自己OK，再試著去幫助別人！」

我們在實務現場常用以下字句鼓勵孩子：「不用勉強自己，更不需要強顏歡笑，失落的經驗往往會讓人知道，有時候撐起我們的反倒是千瘡百孔的人生歷練！我們可以給予孩子空間，告訴他可以原諒自己沒辦法回答所有問題，原諒自己現在的心情不像自己；給自己一座安心的堡壘，好好存放曾經失去的記憶。」

著有《陪傷心的人聊聊》（*How to Listen: Tools for Opening up Conversations When It Matters Most*）一書的作者凱蒂・可倫波斯（Katie Colombus），在書中提供了一些方法陪伴我們渡過失落的心情，我將書中的方法節錄整理為表二，共二十四個錦囊，當自己或孩子沉浸在失去與離別的低潮中時，可以試試看以下方法：

表二　24 個陪你渡過失落的方法

★擬一張表，羅列出想做的事	★情緒關機後，多點睡眠	★搜尋「失落調適」相關文章
★去喝一杯水	★想他就哭出來，不要緊	★找一個可以談的人聊聊天
★暫時不想「恢復心情」也可以	★寫一份自我照顧宣言	★承認失去的痛苦
★創造一位私人的虛構的悲傷守護神/人生導師/神仙教母	★上網爬爬勵志小語，例如「拿你的傷心出來曬一曬，眼淚也跟著乾了」	★與親朋好友分享生命中的失落經驗及如何渡過
★在 IG 找一些喜歡的圖片	★征服一科難搞的科目	★到大自然或公園看點綠色植物
★給自己一個吶喊桶，朝裡面痛快地喊一喊	★用心情大雜燴煮一碗傷心湯	★回憶敲門就歡迎！寫下來用文字記憶
★去圖書館找點書來看	★聽首音樂	★找十份迷宮靜靜地畫一畫
★腦筋打結時，溫柔地跟自己說聲「沒關係」	★列出你想到的植物或動物	★其他：________________

當面對失落與失去時，我們可以找一些方法陪伴自己。

當察覺孩子時而心情沉重，時而難過或軟弱都沒關係，患得患失一陣子也無妨。因為悲傷雖然會讓人想大哭一場，但依然會聊天、會想娛樂，會生氣，會想吶喊，這都是正常的！

在生命的洪流裡，希望以上小方法可以幫助孩子渡過一個個跌落的瞬間，練習和這份失去共處。假若一時之間忘不了也沒關係，鼓勵孩子允許自己在內心與失去的親人朋友對話：「現在的你，好嗎？」然後為自己拍一張相片，將眼前的景色和食物，像打卡一樣分享給另一個時空的他。

當孩子向你反應想被陪伴，但有些時候反而感覺自己被幫倒忙，例如陪伴的朋友沒聽完他想說的話，不斷打斷他；也可能朋友熱心地想分享跨越悲傷的方法，或者想轉移話題、說笑話，期待孩子笑了之後能夠忘記哀傷；甚或是只顧著對孩子訴說他自己的經驗時……朋友的出發點可能是希望能夠安慰孩子，讓他感覺不孤單，我們也可以引導孩子辨認對方的善意，和他們愛護的心，如此一來，微笑感謝就好！

還沒準備好也沒關係……

若孩子還沒準備好，也可以鼓勵孩子將感受寫下來，隨意塗鴉也可以，使用各種他信任的形式尋求暫時的解答。記得，當心思凝結或心煩意亂時，做些其他的事情，溫一壺茶、點一盞燈，吃點東西，暖暖胃暫時溫熱一下冷卻失溫的心。

憶起，生命中你也曾有過許多失去的經驗，例如失戀、遺失心愛的東西、寵物的離去、永遠沒有回應的單戀、沒有告別就離開這種悵然若失的曾經……。當這些事件來襲，我們都沒把握有多大勇氣才能重組暫時被擊垮、支離破碎的心，但是當時間拉到長遠，我們才能慢慢坦然轉身、體面釋然、甘心暫別之後，就有機會感謝曾感到被輾壓，但沒有被輾碎的自己！

鼓勵孩子失落之後溫柔地善待自己，是需要練習的。即便過程可能緩慢，也不需要倉促趕路，慢速脫殼進化也很可以！當虧欠和遺憾襲來，光是好好呼吸、好好吃飯，都感到棘手，照著鏡子瞥見展不開的笑顏、假裝笑出來也勉強。不過這也沒關係，誰不是踩著心碎前行，走出一條彩虹橋呢？給自己一點寬容，當心感到艱難跋涉時，記得重新起步，學習寬以待己吧！

而當孩子準備好向人傾訴和回憶時，我們也可以讓孩子體會到對話本身並不會讓我們更加悲傷，從失去中回想生命裡曾經「得到」的禮贈和記憶，"some things cannot be fixed, they can only be carried."

以下也提供幾個錦囊，當孩子面臨失落、失去帶來的低潮時，爸爸媽媽可以陪伴孩子執行：

錦囊❶↓把握相聚的時光片刻

「掛念」是關係的延續，「愛」更是理解的別名，「愛」也是迷途的導航，失去讓我們了解活著的可貴。每一次逢年過節都是家人相聚的最好時光，抱抱家人，感受心頭的溫熱，在大圓桌飯局上放下手機，無論是小時候的點點滴滴、和家人的零碎記憶，都聊聊這些曾經。

記得相聚時刻，將手心放進家人溫熱的手掌裡！寫下三個你的轉變和愛家小行動，讓我們往前走，心底依然留下一個位置，給心愛的人。

錦囊②↓與家人真實交流

陪伴孩子與家人聊一聊，翻閱照片，並擁抱家人相聚的陪伴。

錦囊③↓不遺憾清單

請孩子寫下在這三個月想要改變的小事，列為清單及時行動。

錦囊④↓閱讀相關繪本和書籍

心理類

《你不在，悲傷的我這樣生活》（*How to Carry What Can't Be Fixed: A Journal for Grief*）、《沒關係，是悲傷啊！》（*It's OK That You're Not OK: Meeting Grief and Loss in a Culture That Doesn't Understand*）、《面對失去，好好悲傷》（*Grief Is A Journey: Finding Your Path through Loss*）、《在雨之後》（*After the Rain: Gentle Reminders for Healing, Courage, and Self-Love*）等。

繪本類

《我的心破了一個洞》（*Vacio*）、《爺爺有沒有穿西裝？》（*Hat Opa einen Anzug an?*）、《爺爺的天堂筆記本》（このあとどうしちゃおう）、《再見，斑斑！》、《只要快樂不要哭泣，可以嗎？》（*Als der Tod zu uns kam*）、《可以哭，但不要太傷心》（なきすぎてはいけない）、《你到哪裡去了？》（*Ou es-tu parti*）、《我永遠愛你》（*I'LL ALWAYS LOVE YOU*）、《再見，愛瑪奶奶》（*Goodbye, Grandma Erma*）、《因為我好想念你》等。

3-4 越挫越勇練習曲：陪伴孩子「與挫折共處」

一九三九年，美國耶魯大學心理學家杜拉德（J. Dollard）等人提出了一個叫做「挫折攻擊假說」的理論。理論中認為，當一個人想要達到某項目標卻受到阻礙時，就會產生攻擊行為。這個攻擊行為通常會針對讓他受挫的人或物，並且在攻擊行為出現後，衝動就會降低。如果挫折的來源是有權威階層，例如父母、師長、領導等，導致受挫者無法或沒有能力進行直接攻擊的話，那麼攻擊行為可能會被壓抑，或是當事者會找一個相對安全的對象作為替代品進行攻擊。

同為理論研究者的米勒（N.E. Miller）等人也提出，一個人受到挫折後的反應，其實是取決這個人過往的「學習經驗」，同樣的，也可以經由「學習經驗」產生改變。面對挫折時產生的攻擊態度、行為，和其他行為的學習經驗一樣，也會經由直接增強與觀察模倣而來。

白話來說，其實就是缺乏挫折容忍度的孩子，比較無法承受挫折所帶來的負面情緒，長大之後，也比較容易會因為無法承受挫折的經驗，而對外在環境或他人攻擊報復；而孩子遇到挫折後的反應，是可以經由身邊重要大人的回應和模仿而來的。

所以，當孩子用攻擊的方式來回應和處理挫折時，如果能夠和孩子一起討論挫折帶來的負面情緒，像是羞愧、無奈、不知所措，或者沒有台階下的丟臉心情等等，並適時協助孩子運用方法處理，就有機會修正學習歷程。將挫折當成學習的養分，接納挫折，面對挫折。也就有機會化挫折為成長的動力，在挫折中逐漸成熟，更喜歡自己！

對我來說，挫折某種程度上很像過敏。當一個人因為生活作息型態不健康，免疫系統不穩定時，過敏症狀相對容易隨之而來；相反的，在免疫系統穩定時，過敏症狀就會趨緩，甚至不見得會出現。所以該如何強化孩子的心理體質，陪伴他們越挫越勇，打造良好的「心理免疫系統」便是這一個章節的重點——建立成長型思維。

成長型思維，來自親子對話的習慣和眼光

史丹佛的心理學教授卡蘿．杜維克Carol Dweck在《心態致勝》（*Mindset: The New Psychology of Success*）這本書中提出，人的思維有兩種模式，一種是「成長型思維」（Growth Mindset），一種是「定型化思維」（Fixed Mindset）。具備「成長型思維」的人，在遭遇挫折時比較能夠接受挫折，並且採取正面面對的方法及行動，發展出相對應的技能和能力。他們認為人可以透過努力、學習與毅力，就算結果失敗，也會從中獲得收穫，再接再厲。

相反的，「定型化思維」的人則認為人的能力天生有限，經後天努力也無

法改變太多，所以當他遇到困難時，容易先躺平，怨天尤人，遇到挫折也容易放棄，這樣的心態將讓這類型的人易怒、對他人評價玻璃心，長久下來將妨礙個人的學習和成長，也不容易看到可能性。

如果你是爸爸媽媽，會希望孩子具備什麼樣的思維習慣呢？這一切就看日常中我們如何和孩子對話，引導孩子。

當父母常常認為孩子不行、不會、不能，大大小小事情凡事都得由你作主時，孩子只能將「我不行、我不會、我可能會想錯，我的想法可能會被否決」等負面思維逐漸內化，進而失去對自我的信心。一旦對自己沒有信心，孩子會感到對任何事情沒把握，害怕被嘲笑、被潑冷水，因為自己做不到而感到羞恥，或者擔憂到頭來只得到大人一句「就跟你說吧！」的答案，久而久之，就連孩子做得到的項目，他也會選擇偷偷來、偷偷去嘗試，而不願告訴大人，避免自己被否決。

相較之下，具備「成長型思維」的孩子則會相信自己「我行、我來、我會、我能、我可以」，而思維是可鍛鍊的。平日與孩子交談時，我們可以在對話中給予孩子具體的指引，勝過謾罵和羞辱。例如：

●希望孩子有禮貌，就直接示範「**說爺爺奶奶好**」↓取代「你是啞巴喔！」

●希望小孩早點睡覺，可以說「**我們八點洗完澡，八點半準備收玩具，九點準備睡覺！現在七點四十五了**」↓取代「你是文盲喔！看不懂時鐘喔！」

●多跟孩子說「**我了解、我知道、我懂**」↓而非「這又沒什麼？幹嘛這樣！」

●要讓孩子長出自信，看見和肯定孩子的亮點：「**這次失敗了，你一定很難過，我們一起想想怎麼重振步伐，將焦點放在下一次**」↓而非「你若沒成功，給我試試看。」

●常常跟小孩說：「**專注在你練習的，不要管別人評價，只管專注練習，**

做好就好」↓取代「你表現得差，就不是我的小孩，被罵也是自找的，得不了獎項也是應該的。」

我們就是孩子的榜樣，講反話的習慣必須有所改變，因為「直接的肯定」和「鼓勵」將是孩子的自信來源！

用成長型思維助孩子一臂之力

在著名的《與成功有約》（*Live Life in Crescendo: Your Most Important Work Is Always Ahead of You*）一書中，作者史蒂芬．柯維與辛希雅．柯維．海勒（Stephen R. Covey, Cynthia Covey Haller）提到七個與成功有約的習慣，我認為是提供學生一個「更認識自己」的路徑。同時書中也提到另一個概念，「影響圈和關注圈」，也很適合在孩子陷入挫折時搭配使用，協助孩子走出困境。

作者指出，每一個人生活中的事物可以分為「關注圈」和「影響圈」兩大

圖八　影響圈vs關注圈

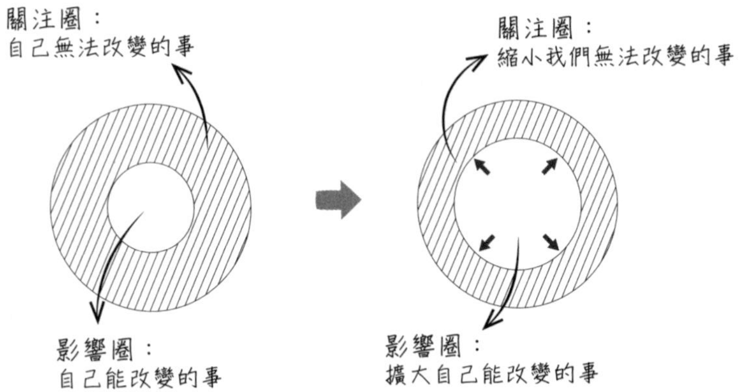

部分。「關注圈」涵蓋的是我們注意力所及的所有事物，像是國家政治、新聞動態、家庭關係、事業感情、個人健康等。相較於此，「影響圈」指的是在「關注圈」內我們可以掌握、可以透過個人能力改變的事情，像是自己的學習能力、生活習慣、處事原則等等（圖八）。

隨著現代人每日無意識瀏覽社群的狀態下，我

圖九　為「擴大影響圈」訂立計畫

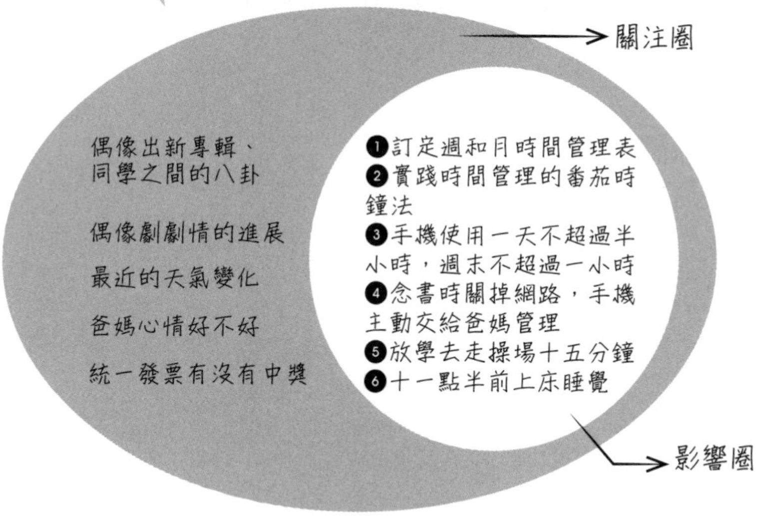
關注圈
影響圈
偶像出新專輯、
同學之間的八卦
偶像劇劇情的進展
最近的天氣變化
爸媽心情好不好
統一發票有沒有中獎
❶訂定週和月時間管理表
❷實踐時間管理的番茄時鐘法
❸手機使用一天不超過半小時，週末不超過一小時
❹念書時關掉網路，手機主動交給爸媽管理
❺放學去走操場十五分鐘
❻十一點半前上床睡覺

們每一天要接受的資訊是遠古人類的幾千倍之多，你我的「關注圈」也隨之無盡擴大，但凡我們將所有注意力和心力都放在「關注圈」不可控的部分時，便會發現自己能影響、能改變的部分甚小，因而感到無能為力，甚至覺得自己很差勁。

當孩子遭遇挫折時，爸爸媽媽可以協助孩子釐清，哪些是「關注圈」我們無法改變，哪些是可以投入時間心力改變的「影響圈」，將注意力花費在「擴大個人影響圈」上，而不浪費在「無法改變的關注圈」裡。

例如，青少年想要做好時間管理，嘗試讓下一次的段考進步，我們便可請孩子列出他的關注圈與影響圈。協助孩子針對「影響圈」中自己可以控制、安排的事情，逐步列出每日計畫、每週計畫，甚至是每月計畫，如圖九。

隨著孩子能力的養成，「影響圈」也會逐漸擴大，孩子將會看見自我內在控制感所帶來的滿足，遠大於迷失在「龐大關注圈，極小影響圈」裡，越看越發感到自己無能、不幸福、自卑又缺失、喪失自我感的狀況中。鼓勵孩子「每天一%的改變」，一年後將進步三七倍，習慣的複利效應正是如此，改變一點點，就進化一點點，做任何事情都是。

「轉個彎」的回應姿態

在青少年直白快意的溝通中，有過意不去的心情，更有越滾越烈的事情。

「老師，發限動又不是犯罪，況且他這麼中二！」

「老師，我早把她封鎖了，前一天才閨密，後一天變綠！」

「啊今天是水逆喔，考差還在便利超商遇到前女友和別人喇舌，尷尬癌發作！」

青少年的情感，直接又明快，這和他們在此時期的生理機制有很大的關聯。此時他們的大腦皮質尚未成熟，卻因為賀爾蒙變化，以及因為大腦要長出快速道路，必須修剪不必要的突觸，才能讓大腦空間變大，在問題解決方式的長成中，因為突觸修剪而灰質下降，灰質影響著我們如何看待自己與他人，難以聚集大量的神經細胞，會讓衝動行為和言詞蹦的一下跑在腦袋之前。

在他們面臨大腦修剪的時期，簡短犀利的言詞，情緒化的行動，看似很狂妄的自我中心背後，其實也飽含焦慮，遇到不順遂卻拉不下臉，感到難堪卻意氣用事，正是學生心底害怕和失措的時刻，更需要大人為他們提供看待事物的新觀點。

此時，當我們以軍師的身分，和他們一起分辨貴人類型，將會是很有創意的親子互動。

轉向思考，珍惜生命中的「逆貴人」

俗話說「心大了，大事都小了！」青春期的孩子，正在面臨前額葉問題解決能力最後髓鞘化的過程。

他們將會遇到人生中的許多第一次，這諸多考驗，都將帶來成長的養分和經驗，然而，壓力和焦慮不僅僅是來自於考驗本身，往往是在於他們沒辦法給予這個考驗一個意義的位置。所以爸爸媽媽可以利用「順貴人」、「灰貴人」、「逆貴人」，給予這些經驗一個新的意義，讓孩子面對人生考試失利、情場難堪、人際崩壞等崩潰時刻，能認出身邊也有許多貴人，正在用不同形式關愛他們。

貴人的三種樣貌：

第一種，順貴人。順著你的心意鼓勵你、支持你的貴人。

第二種，灰貴人。他將提供給你模擬兩可的建議，讓你有點討厭有點煩，看似常常和你意見不同的反派角色。

第三種，逆貴人。就是常常潑你冷水、說話酸言酸語、說話像針扎、讓你心情完全崩壞的那種。

在學生的生活中，與貴人共存，正是逐漸心態成熟的象徵，所謂「忠言逆耳」若能化阻力為助力，思考消化或者內心保持距離，都正是拓展孩子內心寬廣的機會。

開啟內心的多重宇宙，切換角色創意育兒

父母的患得患失也會讓孩子感到內心無所依恃。其實，青春時期的父母和孩子都容易走心，一下太過投入，一下太過挫折，如果你是心情一秒天堂、一秒地獄，一秒自信心爆棚、一秒感到挫折感十足，那麼你跟孩子的共感非常強

烈，孩子也處在這樣的狀態，此時，我建議你可以用「阿姨式」、「叔叔式」的心態，面對自己的孩子，心態會比較容易恆溫和淡定些。

第一是面對更年期的我們，能夠保健自己的身心，第二是孩子會共同感覺我們的心情起伏，他需要心態上更穩定的你，來協助他渡過難關。我們得開啟自己內心的多重宇宙／多重角色，才有辦法陪伴眼前的孩子。像是：切換內心狀態，把孩子暫時當成客戶、當作姪子、當作學生、當作鄰居的小孩、當作國外回來的留學生、當作外太空來的外星人，這樣做的目的是幫助自己重新找回「好奇心」來面對孩子的問題，就容易撐出心理空間面對孩子遭遇的狀況題。

當孩子遇到挫折，我們和孩子一起從挫折中看見再挑戰一次的機會，面對問題找解方，才是積極作法。孩子的大腦正在成長，大腦神經就像肌肉一樣可以鍛鍊和用進廢退，當孩子擁抱成長型思維時，面對難題將能獨立解決、不畏艱難，且和你分享他如何跨越難關。

當孩子情緒溺水時，一起做點別的事，轉換一下心境再回來，移動身體，移動心境，幫助自己重新整頓再出發！

就算想不到做什麼時，還是做點事吧，現在就行動吧！

Part 4

締造不插電的家庭時間

4-1 為孩子製造「可以說話」的機會

在我的實務現場，常常會聽見爸媽抱怨青春期的孩子無法溝通，「一回來就躲進房間，是要怎麼跟他講話？」、「家庭聚餐有去就不錯了，到現場還在玩手機，都不跟大家聊天。」

曾經有一對爸媽來向我諮詢，只見媽媽憂心忡忡的說：「心理師，我們的小孩手機使用過度，現在連要讓他走出房門都很難，怎麼辦？」來諮詢的爸媽是一對很用心的父母，但自從孩子長大進入青春期後賀爾蒙搗亂，加上沉迷3C，孩子和他們之間彷彿自動築起一道透明的圍牆。

我建議這對擔心的爸爸媽媽可以養成和孩子開家庭會議的習慣，話一出，只見媽媽沮喪的跟我說：「我們家就三個人，我、孩子他爸，和他，開家庭會議不會很尷尬嗎？他會說『要講的講一講，我要進房間了』一次KO我們，有時候他爸晚回家我就一打一，根本開不成家庭會議怎麼辦？」

我強烈建議父母們要開家庭會議，但就像這位媽媽說的，遇上青春期的少年少女，別說家庭會議了，就連平時要好好說話都很難。

家庭會議讓親子關係更親密

為什麼強烈建議要開家庭會議呢？

在阿德勒正向教養中有一個重要的概念，意指個體感知到自己是社群的一部分，產生對社會事務的態度，包含個人對於世界上的其他人都抱持正向的態度，與人合作並做出貢獻」、相互尊重、如何從自己的錯誤中學習、傾聽技巧、腦力激盪的技巧、解決問題的技巧、解決問題前先冷靜的重要性、考量他人、合作、信賴感，以及如何與家人共享樂趣。

簡單來說，**就是孩子們可以透過家庭會議，學習到許多重要的社會與生活**

技能。而爸爸媽媽也可以透過家庭會議，陪伴孩子們在懂事的路途中成長，創造一個允許開放溝通的空間。

若能讓孩子從小就養成和家人商討問題的習慣，等到孩子長大後願意和家人溝通或談論自身問題的意願也會隨之提高，也就能降低孩子一回家後就只想躲回房間不出來，不願意與家長分享的狀況。

對於「家庭會議時間」阿德勒提出的流程如下：

❶讚美與感謝
❷評估先前的解決方案
❸待解決問題的清單
❹議程（活動、用餐規劃）
❺娛樂活動與甜點

爸爸媽媽可以以此為基礎先實行看看，再慢慢依照自己家中的需求簡化或增加，並為每一個流程大概抓一下需要的時間。例如：

❶向每一位家人說一句具體感謝的話。（三～五分鐘）

❷回顧上週提出的問題，以及目前的改善狀況。（十～十五分鐘）

❸每一位家人提出這週想分享的事情／困擾、家中需要共同討論的問題。（十～十五分鐘）

❹以愉快時光做結，全家可以一起玩一場桌遊，或看一場線上電影，搭配點心零食。**（依需求自行調配）**

家庭會議的目的是幫助親子關係更加親密，而不是批鬥大會。所以即便孩子可能在家庭會議之後，依然做出不太符合的決定或行動，爸爸媽媽可以帶領孩子一同進行修正的討論，但絕對不是批鬥大會或因為挫折，揚長而去不參與。

大人的示範很重要，當孩子說話不算話時，我們可以在家庭會議中提出討論，光是大人的出席和一起討論「怎麼樣做會讓彼此更好」，就是一個正向氛圍塑造的扭轉契機。我們怎麼做，孩子都在看。

透過家庭會議時間，好好把握彼此之間不3C的時光，透過一次次的分享食物、心得、煩惱、感恩，輪流發言，創造機會給孩子發言，幫助他逐漸長出大腦裡理性協商的能力。這段不插電的時光，讓彼此可以分享觀點、達成共識，從孩子的小學、國中、高中到大學階段，都能在歡笑中分享彼此的看見、感謝和修復。

締造志同道合的家庭聯盟，群體帶孩子

有時候若遇到前文那位媽媽說的，家裡成員只有三個人，只要一人缺席，另外兩人根本開不成家庭會議怎麼辦？

其實家庭會議不用非得在自己家開。

我曾經參加過朋友兩家一起舉行兩週一次的「家人家庭晚會」，印象很深

刻的是，這場「晚會」是從朋友家最小的孩子先開始分享最近的學習、感恩、有趣的事，即便是一首歌、一句話、一個片刻，或是和同學及父母的一個互動都可以分享，說說最近的心情。

每個人分享的內容可能會聚焦在一件可以感恩的小事上，或是一個困擾自己的小煩惱，每一個人分享後，家人們會有交流的時間，這段時間裡大家可以提供自己的感受或建議。有趣的是，大家會把這些分享的事情、想討論的事項列出來後分成「可以解決」和「無法解決」兩大類。「可以解決：可協商討論，給決定」的大家一起想辦法；「無法解決：無法控制的主題及心情，給祝福」，全部的人會在結束前一起閉上眼睛，向他們的信仰禱告。

「可以解決」的像是：「零用錢的多寡，預計怎麼存錢及花用」、「週末欲外出和返家的時間」這些事情是可以討論和協商的，但「家人生病，導致憂心忡忡」這件事情是目前無法立刻解決的，就歸類到「無法解決」這一類。

建立家庭中彼此祝福的溫馨氛圍。並練習將注意力灌注在可以改變的事情上，在心情憂慮的時刻陪伴彼此，練習無解的事情交給老天爺！

爸爸媽媽可以嘗試找一到兩個志同道合的家庭，或者從孩子的好朋友下手，和對方父母聊聊如何增進孩子改變的動力，一起組成「家庭聯盟」。但前提是，絕對不在家庭會議中拿孩子們的表現來相互比較，幾次下來孩子參與的意願也會較為提升。一個家庭以上參與的家庭會議注意事項，可以參考如下：

❶**家庭晚會：**邀請一到兩個志同道合的家庭，到家中做客。

❷**約法三章：**不互相比較、固定時間、自在分享、正向氛圍、問題解決。

❸**正式討論：**待解決的問題都可以放在這段時間討論、集思廣益。

❹**輕鬆自在分享：**播放歌曲、手遊（口頭介紹）、桌遊（帶領一起玩）及分享食物。

❺**可以設定主題式的進行，也可以沒有主題式：**例如這星期要一起讀一本書，針對書裡的內容心得分享和呼應，或者蒐集一起玩的小遊戲，或分享最近

的一個學習心得都很好。

家庭會議的優點是，大人可以在其中「和孩子一起討論」、「逐漸授權，由孩子來主導和規劃事項」、「讓孩子知道，大人有將他們的問題和困惑當一回事」。利用家庭會議讓孩子針對自己的問題提出改變和承諾，運用群體的力量，一起激勵彼此達到目標。

同時也讓孩子了解父母雖然是平凡人，但是是能夠關切和給予空間的成熟大人，任何煩惱和難處都可以向家人傾訴，一起集思廣益解決，這是非常棒的一件事。

「三說心法」，把握早與晚和孩子的聊天時光

除了家庭會議裡的交流，也建議家長可以好好運用「早晚的聊天時光」，接送孩子時都是很好的親子交流機會，除了「考幾分……」、「老師說……」

的話題之外，我們還可以從三個點切入：

❶新聞說↓利用發燒話題，加入爸爸媽媽想討論的事項

例如，當我們想叮嚀孩子注意衛生時，可以從最近確診的案例著手，無痛和孩子討論衛生習慣；又或是我們想叮嚀孩子避免被性剝削，可以提到新聞和群組的訊息，提醒孩子時不時要有危機意識。運用新聞播報和數據來說話，是非常好的切入點。

❷鄰居說↓引發好奇心，了解孩子內心的想法

當我們憂心忡忡孩子最近的表現，或是聽了場親子講座發現一些重要的觀念想轉達給孩子，便可以利用轉述來開頭。例如：「那個心理師說……」、「鄰居說最近有〇〇事件，你在同學間有聽說嗎？」等等，引發孩子的好奇和共同話題，目標在於鼓勵孩子說說自己內心的顧慮和真實的想法，爸爸媽媽不用太快道德勸說。

❸我聽說↓拉開距離，也拉開孩子的防衛心

如果沒有鄰居和新聞，爸媽可以採取的點是「我聽說」或「群組說」，隔了一層距離的話題，孩子會比較願意參與討論。相較於父母說「你手機給我拿出來喔！」、「你不要給我耍賴喔！」孩子容易因反對而反對，認為你就是想針對他。

青春期階段的孩子，很容易因為防衛心而將溝通的門擋上，但又很容易接收到八卦、空穴來風的訊息，甚至三人成虎，散播不實的假消息。我們希望孩子能聆聽大人們的建議，所以必要時候，需要利用一些小方法才比較容易成功。以上三種「他人說」就是一種既具有美感，又不會讓彼此距離太遙遠的聊天起手式，既能誘發孩子的好奇心，又將大人認為重要的觀點傳達給孩子！

4-2 不插電的家庭遊戲，不說教也能引領孩子思考

接下來，我要介紹六款不退流行的桌上遊戲，爸爸媽媽可以在家庭會議後的親子時光裡，帶領孩子一起參與遊玩。

呼應前文家庭會議的功能，桌遊也是透過真實地、大量地人際互動，讓孩子可以從遊戲中發現自己的優勢、劣勢，看見自己的盲點和限制，並且停下來學習。這幾款桌遊分別是：

❶《塔寶好朋友》——人我異同的觀察

❷《小王子駛向群星》——群我關係及抉擇

❸《實話實說》——在他人眼中的我

❹《同感》——更深刻了解你我的桌遊

❺《FLIP換言一新》——翻轉你對優勢劣勢的看法

❻《拉密》——扭轉命運和場中機會

它們的共同特性是：❶取得方便、❷不複雜好操作、❸只要三個人就可以開始。幫助爸媽就算沒有3C，不插電也不會冷場，還可以運用遊戲中的引導語，與家人一同分享。

往後的文章將以三個部分做說明：一、桌遊介紹，二、遊戲後的問題引導，三、總結。在手遊正夯的現今，孩子面對網路的大量刺激，容易黏在掌控度極高的網路世界裡，遇見挫折就按下「重新開始」，但也容易錯過容忍挫折的練習機會。桌遊也許可以提供一條路徑，讓爸媽有機會走進孩子的世界，孩子也能在遊戲中更貼近真實世界。

✪遊戲一

名稱：《塔寶好朋友》（Dobble／多寶）

目的：人我異同的觀察

掃描觀看遊戲規則

《塔寶好朋友》這一款桌遊中總共有五十五張牌卡，在全部的牌卡中任意挑選兩張卡，其中皆有唯一一項相同符號。玩家的任務就是任意抽出兩張卡牌，並找出兩張牌卡中相同的那一項符號。

遊戲開始前，大人可以先請孩子觀察一下這款桌遊的封面，作為引導：「我們一起來觀察一下，塔寶好朋友的封面圖形包含什麼？」

孩子回答：「手、眼睛、嘴巴、腳。」

和孩子說明：「對，因為這個遊戲需要手到、眼到、心到、口到和行動力！你看『腳』代表行動力，『嘴巴』代表溝通和詢問，『手』代表操作和實踐、『眼睛』則代表觀察力。這個桌遊有經過數學公式推算，所以參與者一定會在任意兩張牌卡中，發現一種圖形一樣大小可能不同的圖樣。」

遊戲後引導語

引導❶↓不要浪費一次失敗的機會

- 剛剛你比別人先找出相同的圖形符號，獲勝的感受怎麼樣？
- 當別人先看到相同的符號，而你沒看見的時候，你的感受如何？
- 剛剛你一直輸的時候，心裡在想些什麼？是再接再厲，還是想要直接放棄，或是覺得丟臉？好奇為什麼自己會輸，別人為什麼會贏？

大人小孩之間可以彼此分享贏得遊戲的方法，以及觀察的捷徑和體會，再玩一次。**成功一定有方法，失敗一定有原因，當我們失敗不反思原因，就浪費了這一次的失敗。**如果有機會了解原因，並獲得成功者的方法，也許可以更有智慧的再往前邁進。生涯規劃也是一樣，我們不只要埋頭苦幹，也要往外拓張視野，但也不要因為看見別人好，就只看見自己不夠好，如果能敞開心胸跟贏家請益，也許就有機會納進自己的成功條件中。

英雄聯盟也正是這樣的概念，獨立作戰的時代已經結束了，英雄需要團結起來彼此欣賞、彼此補位，才能面對瞬息萬變的世界，所以我們更要打團體戰，彼此請益，彼此支持，面對未來未知的變化！

引導❷↓看見自己的盲區盲點

我們也可以詢問孩子：「你有沒有發現剛剛自己特別看得到什麼符號，看不到什麼符號？」孩子可能會回應：「我特別看不到『綠色的恐龍』／『白色的鬼』／『紅色的炸彈』。」因為我們每個人都有自己的盲點，有時候透過別人的眼睛反而比我們自己看得更清楚。

在《塔寶好朋友》裡，每兩張牌卡中只有一個圖形是重複的，其他圖形都是不同的，也代表著「我們對他人的認識可能很片面」，「需要再多加了解其他七個圖形，才可能拼出一個輪廓，慢慢再認識這個人」、「反觀我們對自己也是一樣，自我認識是需要時間的，就像拼拼圖的過程一樣，透過一次次嘗試，慢慢發現自己的優勢和劣勢！」

然而，每個人都不一樣，人和人的交集可能在一個點，一個興趣，一個話題，我們可以在互相認識的過程中擁有更多驚喜，發現彼此更多特質，所以不需要預設別人要跟你一模一樣，人因差異而美好，「接納異己」是青少年期間非常重要的人際功課。

✪遊戲二

名稱：《小王子駛向群星》

目的：人際及生涯抉擇

這款桌遊的遊戲規則非常特別，遊戲是採取「後家先走」，意思就是「如果你的步伐是最落後的」，就是輪你先走，所以當你選擇走得越慢，可能獲得的寶物和技能反而越多，能夠骰骰子的機會也越多。相反的，衝刺最快的贏家則需要等待，等大家都後來居上才有機會骰骰子，相較於其他桌遊的機制是要「遙遙領先才是贏家」的思維截然不同。

如果是以勝利為取向的孩子，會重新思考該如何慢慢走，藉由他人的力量和手上的步伐，取得最後的勝利。

「慢下來」、「等一下」、「也許慢慢走會獲得更多」，是遊戲體驗中一定會獲得的經驗。這讓不容易等待，常只以自己求勝為取向的孩子，反倒有機會逆轉思維，從短短的桌遊體驗，體會到慢慢來可能獲得更多的人生風景。

掃描觀看遊戲規則

●遊戲後引導語

引導❶↓當付出與收穫不對等時

- 人生某種程度必須承擔一種交換，某種程度也許也是代價的概念，像是你付出了感情，你希望對方能有同等的回應；你付出了時間，你希望可以有收穫，只是，當付出卻得不到回應和代價的時候，你會怎麼回應和承擔呢？
- 當你手上的祝福卡跟你的原始手牌被抽走，你曾想過如何應變？
- 當你的祖父卡被拿走，你的心情是……？
- 當你的祖父卡（貴人）被抽走的時候，你的下一步是想說算了就施捨出去，有失必有得，往前看？還是我也要用同樣的手段對別人……？

引導❷↓輸贏不只一種定義

- 「即便先落後再急起直追，也不會怎樣」，因為過程中的選擇多可能有不同的原因。

●「有些東西，走太快是拿不到的……。」輸贏不只有一種定義，過程中，你是幫忙夥伴想辦法，讓他也得到他想要的（好好互相對待）還是覺得對方是過客，只是策略性的互相算計？

引導③↓多方思考「成功」的原因

●遊戲裡在隱喻一個道理：「光靠你天生的手牌條件，是絕對無法抵達終點的，因為步數根本不夠，你必須借助外力。」遊戲設定一開始的手牌數一定無法到達終點，你必須要和不同的人交流，或者獲得老天爺的庇佑（祖父卡），或者得到一些機緣，一飛衝天（鴿子牌）或是望遠鏡（有得有失的遭遇），或者得到星星（穩穩地拿下分數），到人生目前的階段，你借助了哪些外力？

●你覺得每個人天生都有平等的權利，去換到自己想要的嗎？

●網路上有些似是而非的說法，例如說比爾蓋茲休學，賈伯斯休學，好似

「休學」是種流行酷炫的決定，但你知道嗎？前提是比爾蓋茲在那之前考上哈佛，已經掌握某種學習習慣，而且他母親是 IBM 總監，可以協助他圓夢。賈伯斯念的是昂貴的奧勒岡州的里德學院，是因學費付不起輟學，他休學之後去旁聽了各種課程，沒有放掉任何一種學習，「休學」絕對不是一件浪漫的事，而是等你成功了，這件事情才變得浪漫。你在聽了他們的故事後，幫他們設想，假設你是他，你會選擇這條路嗎？你能承擔這樣的後果嗎？誰會是你的貴人，能和你討論生涯中的抉擇？

這些思考點，都有機會和孩子討論對生涯的「態度」和「速度」，對孩子來說，遊戲往往是最能安全體會和品味「如何落後」和「如何輸」的環境。沒有輸過，就沒機會想著怎麼厚積而薄發，如何亢龍有悔爾後飛龍在天？或者即便在落後時，仍然能領略不同的風景。

這個遊戲能讓孩子體會到，如果「求勝」不是唯一的生涯價值，人生領略的快慢也沒有一定怎樣最好的標準，規劃的快慢不影響結局，那麼，這條路怎麼走，怎麼讓自己五年後回想起來仍然不後悔，甘之如飴，才是自由選來的人生！

✪遊戲三

名稱：《實話實說》

目的：在他人眼中的我

掃描觀看遊戲規則

這款桌遊是關於他人眼中的我，和我眼中的自己，是一款很有趣的桌上遊戲。當我們透過遊戲機制，一項一項問別人：「我有自以為嗎？」、「我有愛生氣嗎？」、「我有愛跟風嗎？」正符合玩家對「開放我」的理解和自我呈現程度的自覺。

這套遊戲可以探討每一個人在人際之中呈現的程度，「開放我」的概念，正是社會心理學家喬瑟夫・魯夫特（Joseph Luft）及哈利・英格漢（Harry Ingram）提出的「周哈里窗理論」（Johari Window）。依照我們對自己的「已知」和「未知」、他人對於我的「已知」和「未知」，所交織出的四個區域，包括：開放我、隱藏我、未知我和盲目我。藉由《實話實說》這個遊戲，我們可以搭配周哈里窗，協助家人間運用遊戲的方式，

圖 10　「周哈里窗理論」

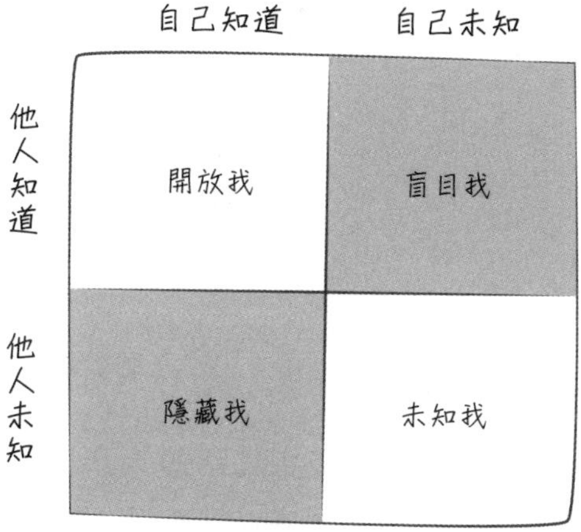

透過「周哈里窗理論」看見他人眼中的自己。

了解自我呈現的狀況，並且透過互動和對話，更了解彼此。

●遊戲後引導語

引導❶↓敞開心胸聊聊他人／自我眼中的自己

- 其他人認為的你，你同意嗎？
- 他人對你的觀察是什麼？哪些你同意，哪些你有不同的想法？
- 你自認最像你的五項觀察是哪五項？為什麼？
- 哪幾項是你可以努力的目標？
- 哪幾項是連你都不知道的？

引導❷↓發現你我的不同面向

- （詢問他人）是怎麼觀察到我有這幾個面向的？
- 哪幾項是你想要改變的？你有什麼樣的計畫來幫助自己改變？

- 你在人際方面可以學習的典範和楷模是誰？你觀察他符合表格上的哪幾項？
- 我們被別人了解時的感受如何？
- 當我們被別人誤解時，你傾向跟對方說明、按耐不動、感到委屈，還是不解釋，等對方終有一天了解？
- 過去當別人誤解你時，你曾怎麼做，成功幫助化解誤解？每個人都分享一個經驗。
- 你認為剛剛彼此分享的經驗和觀察中，令你印象最深刻／可以學習的是哪些？

我們可以和孩子說明，在人際關係中，別人對我們的「公開我」越了解，越能有正確的認識和預期，也越能避免表錯情和會錯意的狀況。有時候，我們在網路上是一種人物設定，而在現實生活中又是另一種，常會讓別人丈二金剛，摸不著頭緒。所以，可以思考看看，當我們在人際上遇到挫折和誤解，是否也是因為「公開我」太小，別人不太了解你呢？

鼓勵孩子，用自己的節奏逐漸敞開心房，就有機會促進人際關係喔！

✪遊戲四

名稱：《同感》

目的：更深刻了解你我的桌遊

掃描觀看遊戲規則

同樣一件事情，每個人都有不同的感受。本遊戲強調玩家間的情緒表達，對他人的觀察以及彼此的互動。學習表現自我，並尊重他人。《同感》這套桌遊在「情緒卡」和「題目組卡」的部分，提供了玩家很多思考和選擇，更容易進行擴充或更替，是非常好使用的一套桌遊，運用它的遊戲機制和輪數，非常直觀以及便利運用！

在原本的題目組卡中，可以依據課程目標挑選與內容相關的。從遊戲的題目中，可以讓成員間彼此表態，並且澄清自己心情的選擇和背後思考的脈絡，由情緒為入口點，讓成員們分享彼此的態度和想法。

●遊戲後引導語

引導❶↓認識每個人在不同情境／不同情緒是很正常的

- 當你猜對別人對情境的感覺時如何？
- 有哪些情境感受是令你好奇或感到意外的？
- 你被別人猜中的感覺如何？
- 當你對情境的判讀和大多數人不同時，你的感受是？
- 遊戲越玩越到後面，越能了解到在各種情境下，每個人都有不同的心情。

討論情境時，可以跟孩子們肯定每一個感受其來有自，當其他人分享他為什麼會挑選此項感受時，我們就能夠更了解他對情境的判讀。

引導❷↓延伸為生涯規劃課程

依據課程的目標需要，「情緒卡」也可以換成「生涯價值觀卡片」或者「生涯信念卡」。

題目的設計可以由淺入深，例如由外圍的事物到核心，曾經有金融系的學生立定相關投資行為的題目：「假若你有一筆五十萬，想要從事投資行為，你會想要買基金、股票、定存還是花掉？」

將中間的「八個情緒卡」替換成「考量的八個向度」：風險、享受當下、循序漸進、一次梭哈、耐得住等待、想要一次買進、無腦投資等。讓學生從中了解並討論每項選擇背後的代價。

接著再往下走：「當家人知道你有五十萬和你的選擇後，他們的心情是？」、「當他們有這些心情時，你的心情是？」、「在你的生涯抉擇中，你最重視的是什麼？」然後把中間換成「生涯價值觀卡」。

再來設計學習單，和學生討論這些價值觀的來源，結合生涯彩虹圖，提供其他價值觀，請他們將不同價值觀填寫在不同的年段和年齡層，拓展他們對生涯的規劃和想像。

所以，依據不同族群、不同科系和課程目標，可以將同感的機制變化後，做出更深層的探問和體會，老師們都是體認課程目標的高手，更是設計課程的專家，不只是將桌遊搬上桌給學生玩，而是讓彼此之間的對話和討論互相激盪。

✪遊戲五

名稱：《FLIP換言一新》

目的：翻轉你對優勢劣勢的看法

這套桌遊於二〇一九年十月在台灣上市，由韓國教育心理學博士設計，以溝通分析為架構，使用阿德勒心理學的概念，設計出這套卡片。

掃描觀看遊戲規則

期待在理解自己的優點與缺點的同時，能夠更接納自己，勇於挑戰並克服現況，理解自己無法接受的缺點，其背後也有禮物：翻轉出自我的優勢特質。目前我在大班級以及小圖體中皆有使用，所以，想跟大家分享這套很實用又有趣的卡牌。

●遊戲後引導語

引導❶↓翻轉人生

- 遊戲過程中，你有思考過決定要呈現哪部分的自己嗎？
- 哪些是你亟欲排除的黑暗面？
- 玩負面揭露的主題時，人會容易變得較為敏感，對於皆露黑暗面的自己，你有何顧慮？
- 如果可以排序，你最不願意別人知道哪張，根據程度排出一～六的排名？

- 哪些你曾經視為阻礙的部分，時間拉到長遠，在後續的人生中卻幫助到你？
- 哪些你認為最阻礙你的特質，最後卻是禮物？

引導❷↓揭露黑暗面篇

- 挑選缺點卡時，你會有心理負擔嗎？通常你會擔心什麼？
- 從小到大當你呈現出自己缺點時，家人會怎麼回應？
- 你曾經因為他人的什麼評價而感到難過？
- 在聆聽他人指出你的缺點時，你第一時間想到什麼？感受到什麼？
- 將缺點卡翻到背面，出現優點時，有哪些讓你認同，哪些不認同？
- 當缺點卡翻到背面，哪些卡片讓你驚喜？哪些讓你驚慌？
- 人的特質沒有對錯，是一體兩面，透過活動進行，誰的卡片讓你特別有感？

引導❸↓家人篇

- 為你的伴侶／家人／親戚／朋友，挑選出屬於他們的缺點，並說明為何困擾你？
- 將你為他們挑選的卡片翻轉，有哪些優點是你沒想過的、哪些是你認同的？你們之間相關的經驗和回憶是什麼？
- 請問你會如何看著他的優點，促發他和你的良性互動？
- 針對家人相處，我們都有自己的盲點，看見家人間的優勢，我們可以選擇如何互動，促進家人關係？

✪遊戲六

名稱：《拉密》

目的：扭轉命運和場中機會

目前全世界在BGG（BoardGameGeek）登錄的桌遊有八萬多款，百家爭鳴的情況下，這款以色列人Ephraim Hertzano設計的《拉密》非常熱門。不但自一九七七年來，陸續得過不少的最佳遊戲獎（美國、荷蘭、德國、西班牙、波蘭、韓國等），在全世界獲獎無數，至今受歡迎的程度仍歷時不墜！

《拉密》發展出隨身版，家庭版等版本，方便玩家攜帶，隨手可玩，在教育界則是常被數學教師運用於活化數學思考的教學活動。

在遊戲的體驗中，因為場上局勢會不斷變化，要看一步想很多步，且需要等待時機和藉由他人拋出的牌面來與自己手上的牌做出應變，是非常適合引導人生思考的一套家庭遊戲，規則簡單、好上手、若能搭配遊戲後的討論體驗會非常深刻。推薦家庭會議後可以一起體驗這款桌上遊戲！

掃描觀看遊戲規則

遊戲後引導語

引導①↓遊戲與人生的連結

- 玩遊戲的時候，你同時要注意自己的手牌，又要注意場中的機會，你覺得跟人生的關聯是什麼？
- 你認為一開始拿到的手牌有勝算嗎？
- 你如何運用場上的機會，不放棄地玩到最後？
- 我們的手牌如果有一半是命運，你覺得那象徵著哪些事件、條件、性格等，影響到你的生涯決定或價值觀？
- 不同玩家打出的合法牌中，暗藏著不同的配對機會，目前在你的生活中，場上的機會有哪些？（職業試探、表藝課、童軍課、社團、課後社團、在外其他專長的補習等）
- 剛剛在遊戲中，你在尋找機會，以及符合條件的牌卡，過程順利嗎？

• 在共同牌面中，局勢又有不同的變化，你要不斷另尋出路，你覺得要有什麼樣的態度才能在這多變的局勢中生存？

引導❷↓面對變心的心理調適

• 生涯中最大的不變就是「變」。《拉密》讓我們要掌握自己的手牌變化和組合，也要關注場面的合法牌搭配組合，需要冷靜的態度面對變動的時局。你覺得如果將這個精神運用到生活中的某個小挑戰，例如：突如其來的考試、檢定或者教師的要求，你會怎麼運用今天玩遊戲的態度呢？

• 玩《拉密》時，場中的配對很精采，也就是機會在你眼前，你怎麼把握機會丟出手牌，以達到遊戲目標。如果你沒留心注意每時每刻的變化，可能就把機會拱手讓人了。生活中也是，目前你的專長科系，可能每個時期都需要進修不同的科目和增長相關知識，你會怎麼做？

• 生涯是一生連續不斷的過程，不同年紀有不同的角色、責任和義務，以及休閒生活，也許目前你考量的是和哪個同儕念同一所學校和科系，但路上若有過多的競爭、壓力，或者不像現在這麼熱門，你的退路和第二選擇是什麼？

進行家庭遊戲時，爸媽可以收起權威和說教，成為孩子們的學長姊角色，說明規則。遊玩過程中，則是放心成為一位玩家和孩子們一起討論。

在引導語方面，可以提醒孩子失敗就是迎向下一次的成功，若孩子一開始的能力和大人期待中的落差很大，可以稍微做球讓孩子獲得一點成就感，家庭遊戲不是只有成功和失敗兩極化拚輸贏的競賽，而是關係的建立和彼此話題的連結。當我們把重點放在此，成敗就不是最重要的，引導和透過遊戲置入人生的體會，是更值得的傳承！

青少年時期的孩子容易發脾氣、不耐煩，出現激烈言語和違抗行為，但當父母看穿他們的違抗行為，其實是挫折感和不擅溝通產生的不適感，脾氣執拗的背後，也有著渴望被理解和教導的心，就有機會透過不同家庭的楷模和養育方式，帶著正向樂觀的生活態度，接回自己的理智線，用開放的心等待孩子沉澱和成長，相信孩子會從各式各樣的事件中，培養變通能力與挫折容忍度。我想，這正是在這十幾年青春期中，父母和孩子一起成長的絕佳狀態！

祝福各位家長，期待您透過此書的閱讀，穿越孩子「我就廢」、「不知道」、「隨便」等語言，因為他們沒有人希望自己真的廢、被討厭、被無視……，矛盾彆扭正是他們的保護色，而保護色正是孩子掩飾心中的不安、無助、慌張、期待被理解的偽裝。爸爸媽媽千萬別亂了手腳，尋求其他家庭一起合作，和同期的青少年父母當朋友，孩子也希望你們能看穿他們的假獨立，知道他們期待保有自己的心理空間，卻依然擁有跟父母心連心的對話！

祝福你們，穿越挑戰，持續看見孩子的亮點，停下你忍不住幫孩子完成事情的雙手，教他方法，示範做給他們看，讓孩子從外在規範逐漸學會自我控制，逐漸長大成為他們自己都會喜歡的大人。

註釋

註1 「X世代」：一九六〇年代中到七〇年代末出生的人們，接在二戰後出生的 baby boomers（戰後嬰兒潮世代）之後。

「Y世代」：一九八〇年代初期到九〇年代末期（一九九六年）出生的人們，這個世代的人們相當熟悉網路、手機、社群網站等科技產品，Y世代也有一種說法是 millennials「千禧世代」。

「Z世代」：從一九九〇年代末期（一九九七年）到二〇一〇年代初期的出生的人們。根據維基百科，這個世代的人們更熟悉科技產品。

「I世代」：根據「網際網路誕生」的時間點，將一九九五年至二〇一二年之間出生的人們定義為I世代，意指從小受網路社交、網路文化影響的世代。

註2 霸社原是一個沒有固定名稱的FB社團，社團名稱通常根據時事而命名。目前許多「霸社」都是原始霸社的分支。其中有些霸社社團內的貼文內容以流出、偷拍女生照片供其他成員觀看、開時事的地獄玩笑話，甚至會公審一些他們看不順眼的事件或受害者。

參考書目與資料來源

P.17 《進入四分之一人生，從後青春期開始的成長指南：突破求學、就業到成家的迷惘，找到最安心的生存姿態》莎提雅．道爾．碧阿克／大好書屋

P.22 《多巴胺國度：在縱慾年代找到身心平衡》安娜．蘭布克醫師／經濟新潮社

p.35 《家有火爆小浪子》羅斯．格林

p.45 《好餓好餓的毛毛蟲作者》艾瑞．卡爾／上誼文化公司

p.49 《睏世代：為何你的孩子總是睡不飽？》海勒．特吉恩、茱莉．萊特／聯經出版公司

p.56 〈黃瑽寧：六大親子互動指南 陪伴兒少安度居家防疫〉黃瑽寧／親子天下雜誌119期 2021-07-01出刊

p.96 《i世代報告：更包容、沒有叛逆期，卻也更憂鬱不安，且遲遲無法長大的一代》珍．特溫格／大家出版

p.103 《關掉螢幕，拯救青春期大腦：頂尖成癮專家揭發數位科技破壞大腦功能的恐怖真相》尼可拉斯．卡爾達拉斯／木馬文化

p.107 《心流：高手都在研究的最優體驗心理學》米哈里．契克森米哈伊／行路

p.116 【網路獵騙記2】〈性影像附個資販售 犯罪規模超越南韓Z號房〉

https://www.mirrormedia.mg/story/20220725pol004/

p.124 衛生福利部保護服務司 https://dep.mohw.gov.tw/DOPS/lp-1303-105-xCat-cat02.html

p.168《心態致勝：全新成功心理學》卡蘿・杜維克／天下文化

p.171《與成功有約：高效能人士的七個習慣》史蒂芬・柯維、西恩・柯維／天下文化

p.192《塔寶好朋友》漫果子桌遊

p.196《小王子馳向群星》Dice Tower

p.200《實話實說》2plus灣加遊戲

p.204《同感》心靈角落

p.207《FLIP換言一新》桌樂無限桌上遊戲教育中心

p.211《拉密》逸馬的桌遊小教室

附錄

遭受數位詐騙、性別暴力對待與相關事件時，可向以下單位求助：

❶ **展翅基金會**：致力於性剝削和人口販賣，提倡兒童網上安全和人權，檢舉放犯色情網站，提供相關講座資訊。網站 http://www.ecpat.org.tw/，電話（〇二）二五六二－一二三三

❷ **iWIN 網路防護機構**：依照兒少法第四六條授權，由國家通訊傳播委員會協助處理申訴案件，此網站可要求網路業者下架及移除違法內容。電話（〇二）二五七七－五一八八

❸ **白絲帶關懷協會**：提倡網路安全和性別教育，提供家長關懷熱線，供網路成癮預防和因應諮詢協助。網站 http://www.cyberangel.org.tw/

❹ **Web547 檢舉熱線**：提供使用者檢舉網路不當和不法使用資訊。

❺ **Web885 諮詢熱線**：提供上網安全相關問題、由精神科醫師、輔導專家、律師、心理師組成的團隊，提供諮詢者建議。

❻ **婦女救援基金會**：電話（〇二）二五五五－八五九五

❼ **勵馨基金會：**以實際行動關懷兒少與婦女，預防及消弭性傷害、家庭暴力和性侵等事件。網站 http://www.ecpat.org.tw/

❾ **Smartkid 網路新國民：**提供家長和兒少上網安全資訊並進入校園宣傳。

PRINTEMPS 05

孩子的叛逆，都是想求助

爸媽崩潰前，先搞懂青春期的孩子怎麼了！
解鎖半熟大腦 X 賀爾蒙的生理風暴，穩定數位焦慮，停止親子內耗

作　　者：黃之盈
責任編輯：陳品潔
版面設計：菩薩蠻數位文化有限公司
全書排版：菩薩蠻數位文化有限公司
封面設計：比比司
行銷業務：平蘆

出　　版：禾禾文化工作室
社　　長：鄭美連
發　　行：禾禾文化工作室
地　　址：台北市北投區中央南路二段28號5樓之一
電　　話：(02)28836670
E m a i l：culturehoho@gmail.com
總 經 銷：大和書報圖書股份有限公司

印　　製：呈靖彩藝股份有限公司
一版一刷：2023年8月
定　　價：390元

國家圖書館出版品預行編目（CIP）資料

孩子的叛逆，都是想求助/黃之盈作. -- 一版. -- 臺北市 : 禾禾文化工作室, 2023.08
面；　公分. -- (Printemps ; 5)
ISBN 978-626-96718-6-1(平裝)

1.CST: 親職教育 2.CST: 親子關係 3.CST: 青春期

528.2　　112010289